Enquête à l'école

EXTRATERRESTRE APPELLE CM1

Du même auteur, dans la même série :

Superman contre CE2

Opération caleçon au CE2

Les CM1 en classe mystère

Les CM2 à la une

Panique en 6e A

CATHERINE MISSONNIER

EXTRATERRESTRE APPELLE CM1

Enquête à l'école

RAGEOT

Cet ouvrage a été imprimé sur un papier
issu de forêts gérées durablement,
de sources contrôlées.

ISBN 978-2-7002-5559-1
ISSN 1951-5758

Couverture : Anne-Lise Nalin.
Illustrations intérieures : Jessica Secheret

En exil chez les sauvages

Cette fois les Sages du Conseil vont croire que je me paie leur tête.

Mais aussi pourquoi ont-ils voulu m'envoyer en corvée de déchets sur le troisième anneau ?

Le troisième anneau est notre poubelle. On y expédie les ordures de la planète et de temps en temps quelqu'un doit aller les trier ou récupérer des pièces détachées devenues introuvables. Ça pue, on circule dans une purée de cochonneries verdâtres à moitié décomposées qui vous dégoulinent dessus, on se fait mordre par les amibis trop contents de trouver un bout de fesse fraîche à se mettre sous la dent, on attrape des boutons, et en plus on risque de se faire enlever par des Bruzoriens camouflés derrière les vieilles carcasses de navettes.

La corvée du troisième anneau est réservée à ceux qui ont réussi à exaspérer le Conseil des Sages. Comme moi.

– Insolent, irresponsable et paresseux, ont-ils décrété.

Ils exagèrent beaucoup. Je suis seulement un peu plus malin que les autres. Leurs montagnes de consignes : prudence, contrôle de soi… finissent par me donner de l'urticaire.

Un peu de sérieux, d'accord. Il en faut pour devenir chasseur intersidéral dans la Garde Pourpre (mon rêve !), mais sans arrêt, c'est déprimant.

– Tu n'es pas tout à fait sempicorien, affirme Solon, mon chef de fratrie. Quand ils t'ont fabriqué, au laboratoire de génétique, ils ont dû faire une erreur de manipulation.

Sempicor est peut-être la planète idéale : la plus sûre, la plus riche, la plus paisible. Mais on y meurt d'ennui. Moi, en tout cas.

Les seuls qui ont une vie amusante sont les membres de la Garde Pourpre. Ils sont chargés de la sécurité de Sempicor. Eux sont autorisés à prendre des risques. Certains sont basés sur la planète, d'autres circulent dans tout le système de Simarion (notre soleil) et même au-delà dans la galaxie. Ils protègent les convois de vaisseaux marchands contre les pirates de Bruzor. Ils portent des uniformes rouge sombre et argent, et ont droit au matériel le plus perfectionné.

Nous étions chargés de livrer deux simulateurs de vol à leur centre d'entraînement : dernier modèle, ultra-perfectionné, à commande télépathique, spatio-temporel, et tout… et tout.

Je n'ai pas résisté. Pendant qu'ils étaient entreposés dans notre hangar, je me suis glissé à l'intérieur d'une des cabines. Les simulateurs reproduisent ce que vont vivre les pilotes en mission. On est dans la même situation : on voit les paysages, les objectifs, les vaisseaux ennemis, comme s'ils étaient vrais. Nous nous exerçons parfois sur de vieux modèles.

J'ai fait juste un petit tour : le temps de quitter l'atmosphère de Sempicor, de longer prudemment Bruzor, et de jeter un coup d'œil à Ellora, la petite planète des vacances. Un rêve ! Il faut croire que malgré mes précautions j'ai déréglé quelque chose, car le pilote qui s'en est servi après moi s'est retrouvé bloqué en - 40 000 solstènes, en pleine guerre des tribus. On a eu un mal de chien à le faire revenir et il a eu tellement peur qu'on a dû le placer en caisson de reconstitution.

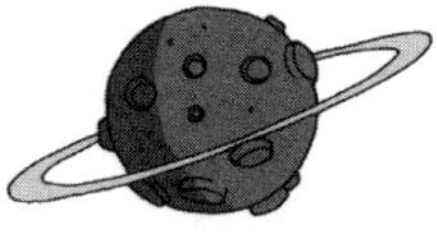

C'est ainsi que j'ai récolté la corvée du troisième anneau.

Et comme j'en ai assez de leurs punitions ridicules, j'ai décidé que je n'irais pas. J'ai trafiqué mon pulseur d'ozone et je suis devenu pâle et transparent comme si j'entrais en mue : chez nous on ne déplace jamais celui qui mue, ça pourrait le tuer.

Les mues sont des moments très importants de l'existence. On s'endort doucement et on perd son enveloppe de peau qui se dessèche et tombe, telle une coquille. Dessous on a une belle peau bleu pâle toute neuve, qu'il faut protéger un certain temps car elle est fragile. En abandonnant notre vieille enveloppe, on y laisse aussi les traces des maladies, des blessures, et de ses peines. On repart à neuf pour une nouvelle étape de la vie.

Chaque fois que cela m'arrive, Solon espère que j'en sortirai assagi, débarrassé de mes défauts. Mais la mue n'a jamais eu cet effet sur moi. Je perds mes cicatrices et je garde intact mon esprit rebelle.

Ils ont cru à mon histoire de mue pendant deux cyclons. Au troisième, ils ont eu des doutes, ils m'ont passé aux rayons gamma et se sont aperçus de la supercherie. J'étais de nouveau bon pour le conseil de discipline.

– Tu risques gros cette fois, s'inquiète Solon qui m'a accompagné.

– De toute façon, ça ne sera pas pire que les ordures du troisième anneau.

Solon hoche la tête, soucieux. Les indicateurs lumineux signalant la fin de la délibération se mettent à clignoter. Les lourdes portes d'acier de la salle du Conseil s'ouvrent silencieusement. Je dois y entrer pour entendre le verdict.

Le Grand Statuor en personne a présidé la séance. Il est grave, plus encore que d'ordinaire.

– Galanor, m'explique-t-il, tu nous poses un sérieux problème. Tu es un brillant apprenti pilote, tu montres des qualités certaines en radio-magnétisme mais tu te conduis de façon trop irresponsable. Tu sais pourtant que si nous sommes devenus une planète puissante où il fait bon vivre en paix, c'est parce que chacun de nous respecte les règles de prudence et de sécurité. Comme tu es jeune, tu peux changer. Nous voulons que tu comprennes les risques que des comportements comme le tien nous font courir et que tu en voies de près les conséquences catastrophiques. Nous allons donc t'envoyer, pour une bonne période, sur une planète encore préhistorique, où les habitants vivent comme nous il y a 40 000 solstènes, sans égard pour leur univers, entrant en guerre au moindre désaccord. Nous espérons qu'un séjour chez eux te mettra du plomb dans la cervelle.

L'exil… voilà ce qu'ils ont trouvé dans leurs têtes de Sages. M'envoyer loin de Solon, de ma fratrie, de mon entraînement de pilote, de Zémor, mon instructeur. Ce n'est pas parce que je passe mon temps à les critiquer que j'ai envie d'aller vivre ailleurs, chez des sauvages en plus.

– Elle se trouve où, cette planète ? dis-je, la mort dans l'âme.

– À environ huit mille solstènes-lumière d'ici, dans un coin assez vide de la galaxie. Elle paraît bleue tant son atmosphère est épaisse et ses océans étendus. Ses habitants l'appellent la Terre.

Le laboratoire de génétique m'a un peu bricolé pour me transformer en Terrien. Ils sont contents de leur travail : il paraît que je suis très réussi. J'ai gardé ma taille : 1 m 35 (en mesure terrienne), j'ai des cheveux blonds bien raides qui me tombent sur le nez, une peau rose (que je trouve affreuse), des yeux noisette au regard malicieux, des genoux écorchés et des dons de footballeur. Tout ce qu'il faut pour passer pour un garçon de neuf ans ordinaire, dans un village ordinaire (il s'appelle Montaigü), d'un pays ordinaire (mais pas trop arriéré, m'a promis le Grand Statuor) de cette planète bleue perdue à l'autre bout de la galaxie.

Ils n'ont pas pu supprimer mes antennes. Mais ils sont parvenus à les rendre rétractables. Elles forment deux petites bosses sous mes cheveux, on s'en aperçoit à peine. Puis on m'a connecté les programmes de la langue du pays que je vais habiter pour que je la parle couramment en débarquant, et les programmes de connaissances d'un Terrien de neuf ans : inutile que je fasse des gaffes en citant des inventions qu'ils n'ont pas encore découvertes.

Car les consignes du Statuor sont formelles : rester là-bas deux solstènes (un an terrien) sans perturber leur monde et surtout sans me faire remarquer. Cette expérience doit aussi m'apprendre la discrétion.

Je vais habiter dans une famille. Sur cette planète, les gens vivent en familles. Ça doit être drôlement pesant d'avoir deux adultes qui vous surveillent constamment. Déjà qu'un chef de fratrie pour douze me paraît beaucoup ! Cette famille comporte trois individus : oncle Gaspard, tante Lucie et le chien Raspoutine.

Ils m'ont vu arriver un jour, accompagné d'une assistante sociale, car mes parents ont été tués dans un accident de voiture (ça arrive souvent dans ce pays), et moi j'ai survécu par miracle. En fait, j'ai pris la place du garçon disparu. Je m'appelle Bastien et tante Lucie est la sœur de ma mère qui est morte.

Tante Lucie est blonde, douce et triste, parce qu'elle n'a pas pu avoir d'enfant. Elle me regarde comme un cadeau inespéré, qui lui fait briller les yeux, mais dont elle a un peu honte car elle croit que sans la mort de sa sœur je ne serais pas là... Si elle savait qu'elle doit mon arrivée à la corvée de déchets du troisième anneau, elle n'aurait plus honte du tout.

Oncle Gaspard est grand et large, il rit fort, il aime bien prendre l'apéritif et raconter des blagues. Mais il aime surtout tante Lucie : il la traite comme une poupée fragile et précieuse qu'il aurait peur de casser. Il n'en revient pas de me voir là, dans l'entrée, à côté de Raspoutine.

Lui, le chien, me tourne autour avec suspicion. Heureusement qu'il ne parle pas humain, parce que je suis sûr qu'il a flairé sur moi des molécules de Sempicor.

Tante Lucie m'embrasse timidement. Quelle curieuse impression ! Un visage qui se rapproche du vôtre, des cheveux qui vous chatouillent, et l'odeur légère et parfumée de tante Lucie qui vous pénètre dans les narines. Sur Sempicor, personne n'embrasse jamais personne. Pour quoi faire, puisque tout le monde estime tout le monde et que chacun le sait ? Il va falloir que je m'habitue à ces nouvelles coutumes…

Mon exil commence. Je vais vivre ici, avec ces gens, et aller à l'école, une institution bizarre. Sur cette planète, les individus mettent longtemps à mûrir : il faut qu'ils passent de longues années à apprendre avant de pouvoir servir à quelque chose.

Chez nous, dès qu'il sait marcher, courir et nager, le petit Sempicorien est connecté sur les programmes de base, puis sur les spécialisations de son choix. Après, il lui suffit de s'entraîner et de s'exercer.

Sur le monde où j'ai atterri, les enfants doivent étudier pendant quinze ans, c'est-à-dire trente solstènes. Leur existence ne doit pas être drôle !

Je suis le nouveau

Ils sont vingt-sept qui se tournent vers moi d'un seul bloc quand la directrice ouvre la porte de la classe pour me faire entrer. Vingt-sept paires d'yeux qui m'observent avec curiosité ou ironie (ai-je l'air si bête ?). Pour eux, je suis « le nouveau ».

La maîtresse, une grande dame brune aux cheveux courts, a la voix nette et forte. Elle vient vers moi et, me prenant par les épaules, me conduit à côté d'une fille blonde à queue de cheval, qui me lance un coup d'œil maussade en rangeant les livres qu'elle avait étalés sur toute la largeur du bureau. Manifestement, j'occupe une place qu'elle voulait garder vide.

– Voici votre nouveau camarade, dit la directrice, il s'appelle… voyons… Bastien Lagrange. Il vient de

Lille. Je vous recommande d'être... d'avoir... (elle cherche ses mots)... de bien vous conduire avec lui.

Catastrophe ! Bien se conduire... Je les vois déjà tous ricaner.

Ma voisine échange un regard de mépris avec le garçon aux cheveux en brosse du banc d'à côté, un grand gaillard en jogging, qui mâche au moins trois barres de chewing-gum en même temps avec un bruit de pneu roulant sur une route mouillée.

– Ludovic, tu me craches cette cochonnerie s'il te plaît et tu viens au tableau.

Le sportif ruminant jette ses friandises dans la corbeille à papier et me lance un œil mauvais en passant devant moi.

– Un train part de Paris à 7 h 45 pour aller à Lyon. Il roule pendant deux heures quarante. À quelle heure arrivera-t-il ?

Pendant que Ludovic écrit des tas d'opérations au tableau, je fais le calcul de tête. Je dois réfléchir un peu car ils ont une drôle de méthode pour compter le temps : un cyclon s'appelle un jour, il est coupé en 24 heures au lieu de 100 élidances comme chez nous, une heure est divisée en 60 minutes, et une minute en 60 secondes. Les habitants de cette planète ne cherchent pas à se simplifier la vie.

J'écris le résultat sur un bout de papier que je pousse au milieu de la table pour le montrer à ma voisine. Elle est étonnée par mon geste.

Ludovic, au tableau, transpire sur son addition et se trompe dans les retenues.

Un excité, au premier rang, tend le bras depuis cinq minutes en murmurant :

– Moi, madame, je sais.

Ma voisine me considère nettement plus amicalement que tout à l'heure. Moi aussi je sais, mais par prudence je ne le montre pas. J'ignore encore comment il faut se conduire ici.

– Bertrand, ta réponse, demande la maîtresse.

– 10 heures 25, crie triomphalement l'agité.

Le reste de la classe pousse un soupir d'agacement. Chez les enfants de Terriens, quand on sait quelque chose de plus que les autres, il vaut mieux ne pas s'en vanter. Un peu le contraire de Sempicor où les meilleurs sont non seulement récompensés, mais montrés en exemple à tous.

À la demande de la maîtresse, les élèves recopient sur un petit cahier l'opération du dénommé Bertrand. Ils n'ont donc pas de mémoire silicone, qu'ils sont obligés d'écrire les informations à la main pour en garder la trace ? Et sur des morceaux de papier qui se déchirent et s'abîment en plus !

Zémor, mon instructeur, m'avait pourtant affirmé qu'ils avaient des ordinateurs. Il faut croire que dans ce village, l'école n'est pas assez riche pour en acheter.

Une sonnerie retentit. Chacun se rue vers la sortie. Ma voisine prend son temps pour enfiler sa doudoune, et me demande :

– Tu habites où ?

– À la Closerie, allée des Écuyers.

– T'as des frères et sœurs ?

– Non, un chien. Il s'appelle Raspoutine.

– Viens, je vais te présenter les autres.

Ils sont six, assis sur les marches de l'escalier de l'infirmerie : Ludovic, le grand qui ne sait pas additionner les heures ; Nicolas, un garçon brun et pas très grand ; deux rigolos à la peau couleur de pain bien cuit et aux yeux tirés vers les tempes : ce sont des jumeaux coréens, Ken et John ; Gilles, un grand distrait à lunettes qui me donne une énergique poignée de main ; et une fille, Clothilde, blonde avec des cheveux bouclés qui font comme de la mousse autour de sa tête, plus timide que ma voisine. Il en manque deux : celui qui est assis d'habitude à la place que j'ai prise. Il s'appelle Quentin et il a une angine. Et Gaétan qui a déménagé à Sartrouville, mais ça n'a pas d'importance parce qu'il rouspétait tout le temps.

– C'est un nouveau, dit ma voisine, il vient de Lille. Il s'appelle Bastien.

– C'est bien, ici ? je demande.

– Pas mal pour le tennis. Le prof, il est sympa et il organise des tas de tournois. Pour le skate il y a une nouvelle piste dans le jardin de la Maison des Jeunes. Pour le VTT il faut aller loin. Le mieux c'est le foot. L'entraîneur est super.

– À Lille, je jouais ailier gauche, dis-je en remerciant Zémor qui s'est bien renseigné sur ce village.

– T'es bon ?

– Pas mauvais. Je marque assez souvent.

– Tu viendras à l'entraînement mercredi ?

– Je vais demander à tante Lucie.

– C'est qui, tante Lucie ?

– C'est ma tante. J'habite avec elle, oncle Gaspard et Raspoutine.

– Et tes parents, ils sont où ?

– Ils sont morts.

Ils se taisent, baissent le nez et ont l'air très embêtés d'avoir posé cette question. Les parents, ça doit être important sur cette planète. Zémor m'a dit qu'ils fabriquaient les enfants eux-mêmes, sans l'aide d'un laboratoire de génétique, et que les mères les portaient dans leur ventre pendant neuf mois en attendant qu'ils soient suffisamment finis pour vivre dehors. Ça doit être horriblement gênant et lourd.

Les enfants terriens aiment beaucoup leurs parents. Enfin, en général. Plus que nous aimons notre chef de fratrie. Pourtant Solon est un très bon chef et j'étais triste de le quitter. Sur la Terre, ça doit être encore plus triste de perdre ses parents. Voilà pourquoi mes amis sont si embarrassés.

– Excuse-moi, murmure Nicolas.

– Tu pouvais pas savoir… Je le rassure en prenant une expression digne et courageuse et je poursuis : et puis tante Lucie est très gentille.

Alors ils se sont installés tous les sept autour de moi et ils ont commencé à me raconter qu'ils n'aimaient pas Bertrand, celui qui levait le doigt pour donner la solution du problème ; que c'était un fayot et un trouillard ; que Quentin, celui qui a une angine, est un casse-cou complètement fou ; que ma voisine s'appelle Laure et qu'elle a plein de frères et sœurs ; et que la maîtresse en CM1 est beaucoup plus sévère et exigeante que celle de l'année dernière. Celle-là est partie pour se marier avec un maître qui n'était pas un vrai maître, mais un contre-espion[1]. Là je n'ai pas très bien compris, mais ils ont promis de m'expliquer à la prochaine récréation.

– Et puis il y a autre chose, a terminé Nicolas au moment où la sonnerie nous appelait à rentrer en classe. Depuis quelque temps, il se passe des trucs bizarres à Montaigü, pas normaux du tout. On t'en parlera plus tard.

Ils sont amusants mes nouveaux copains. Pas très évolués, ni très bons en mathématiques. Mais moins disciplinés et moins sérieux que mes compagnons de fratrie.

1. Voir *Superman contre CE2*.

Des pannes bizarres

Aujourd'hui, j'ai compris une chose étonnante : sur cette planète il n'y a pas de corvée, du moins pas pour les enfants.

Les déchets ne sont pas expédiés sur le troisième anneau, pour la bonne raison que la Terre n'a pas d'anneau. Des camions bruyants ramassent les ordures déposées dans de grandes boîtes qui sentent très mauvais, puis on les déverse dans les trous d'anciennes carrières qui ne servent plus. Ils n'ont pas encore réalisé qu'avec ce système ils vont polluer la terre et surtout l'eau. Il faudrait que j'essaie de leur expliquer comment on fabrique un propulseur de déchets. Ça leur rendrait service.

À la place d'un anneau, ils ont un satellite, pas trop éloigné, qui s'appelle la Lune. Avec quelques aménagements, elle ferait une excellente poubelle.

Hier soir, tante Lucie m'a confectionné une omelette aux champignons et un soufflé au chocolat. Elle avait les joues roses de satisfaction en me regardant me régaler.

Oncle Gaspard m'a promis de m'inscrire au club de foot. Il m'a montré des coupes et des médailles bien rangées sur une étagère du salon. Ce sont des trophées qu'il a gagnés quand lui aussi faisait partie d'une équipe de football, à dix-huit ans.

– À ce qu'il raconte, il était redoutable, sourit tante Lucie.

J'ai donné, en cachette, un peu de soufflé à Raspoutine pour essayer de l'amadouer. Un jour, j'entrerai en contact télépathique avec lui pour lui expliquer mon histoire. C'est encore trop tôt, il ne me connaît pas assez, et il ne doit pas avoir l'habitude de ce genre de communication. Ça lui ferait peur.

Ce matin, Ken et John sont arrivés très excités à l'école.

– Il y en a eu une très longue hier soir, raconte John, chez nous et chez les Bertrand à côté.

– C'est la sixième cette semaine, dit Gilles en comptant sur ses doigts.

– Non, septième, corrige Nicolas en consultant un petit carnet vert.

– Qu'est-ce qui se passe ?

– Cette fois-ci, des coupures de téléphone.

Nicolas prend appui sur le mur et, avec le crayon attaché au carnet, il inscrit : « le 3 novembre. Chez les Lannoie : 1. Chez les Bertrand : 1. »

Puis il me détaille les bizarreries de Montaigü. Ça a commencé par la disparition de jouets, dans les jardins : ballon, skate, vélo...

– On a pensé qu'une bande de voleurs visitait le village la nuit. Ensuite, des voitures ont été retrouvées phares allumés.

– On a cru que des jeunes faisaient ça pour s'amuser, m'explique Ken.

Par la suite, des pannes inhabituelles se sont succédé. Un soir où on passait *Le retour du Jedi* à la télévision, il y a eu au moins cinq coupures, partout dans le village. Chez ceux qui ont le câble comme chez ceux qui ont des antennes.

La société de distribution du câble a juré qu'elle n'y était pour rien. Le père de Ludovic a téléphoné à France 3 où on lui a affirmé que le film se déroulait normalement.

Ken et John, qui étaient seuls à la maison, ont changé tous les branchements du salon et ont fini par faire sauter le disjoncteur. Laure a piqué une crise de rage et s'est ruée sur la vieille télévision dans la chambre de son frère. Au moment où elle avait enfin réussi à la régler, le poste grand écran du salon s'est remis en marche et celui de Marc, son frère, s'est brouillé…

– Personne n'a compris ce qui s'était passé.

– Et la semaine d'après, c'est l'électricité qui a déraillé.

– Puis ça a été le tour du téléphone. Tu parles avec un copain, et plouf… plus de son.

– Quelquefois ça se remet en marche et tu as une autre personne au bout du fil. Moi je téléphonais à Ludovic et je me suis retrouvé avec M. Taquet qui enguirlandait les services de la mairie à cause des pannes.

Ces incidents bizarres ont fini par paraître suspects. Les parents ont déposé des plaintes. Le maire a fait des déclarations dans le bulletin municipal pour expliquer qu'il demandait une enquête à l'EDF et à France Télécom.

– Nous, on se dit que ces pannes sont organisées exprès.

– Exprès ! Pour quelle raison ?

– On ne comprend pas bien. Faire un exemple peut-être.

– Qui aurait cette idée ?

– Des ennemis, forcément.

– C'est qui, vos ennemis ?

– Les Russes, répond Clothilde.

– Mais non, la coupe Nicolas. Ça c'était il y a longtemps. Maintenant ils ne sont plus nos ennemis.

– Pourtant dimanche, à la télé, j'en ai vu qui se battaient contre des Américains, et eux ce sont bien nos alliés ?

– Dans quelle émission tu as vu ça ? demande Nicolas surpris.

– Un film de James Bond.

– C'est du cinéma, rigole Nicolas. Et puis c'est un vieux film, du temps où les Russes étaient communistes. Maintenant c'est fini, les Russes sont nos alliés.

– Si tu regardais les informations, tu aurais vu leur président serrer la main du président américain et aussi du nôtre, ajoute Ken un brin méprisant.

Son père fait partie du conseil municipal et il tient à montrer aux jumeaux ce qui se passe dans le monde.

– Ce ne sont sûrement pas les Russes qui font sauter l'électricité et qui brouillent le téléphone à Montaigü, conclut Ken.

– Mais qui alors ?

– Des terroristes ?

– Les terroristes posent des bombes, ils ne coupent pas le courant ! Et puis qu'est-ce qu'ils viendraient faire à Montaigü ?

– Moi je ne vois qu'une explication, dit Ken. Un savant fou. Un savant parce que ça doit être très compliqué de créer autant de pannes différentes. Et fou parce que ça n'a pas de sens.

– Mais un fou, c'est dangereux !

– Encore plus s'il est savant, reprend Ken.

Contrôle de maths

Le matin avant de partir à son bureau, oncle Gaspard entre dans ma chambre pour me réveiller. C'est étonnant comme cet homme si grand, si large, si bruyant d'habitude, peut être doux et silencieux. Si j'ai déjà un œil ouvert quand il pousse ma porte, je le referme aussitôt car je crois qu'il aime bien venir me réveiller lui-même.

Il s'avance sur la pointe de ses grosses chaussures, se penche prudemment et me passe la main dans les cheveux en murmurant :

– Bastien, c'est l'heure.

Je secoue la tête, je m'ébroue et je lui souris. Son visage s'éclaire d'un coup et il repart en sifflotant.

À la cuisine, tante Lucie m'attend avec un chocolat chaud et des tartines.

– Il fait froid ce matin, dit-elle, prends ton blouson et une écharpe.

Peu après mon arrivée, tante Lucie a trouvé que mon vieil anorak était trop petit et trop usé. Elle m'a acheté un blouson neuf, marron, avec écrit « Timberland ». Je ne le trouvais pas très joli, mais la vendeuse a dit que c'était la dernière mode, et tante Lucie paraissait tout heureuse de me l'offrir. Je n'ai pas osé refuser.

Le lendemain, j'ai compris à la tête de mes copains pourquoi tante Lucie était si fière de son cadeau.

– Ben dis donc, t'as un « Timber » !

– Il est super, tu me le prêtes ?

Nicolas, Ken, John et Ludovic ont essayé mon nouveau blouson et se sont pavanés avec.

Ce matin donc, j'ai pris mon blouson neuf et j'ai bien fait car l'atmosphère est glaciale. Glaciale et étrange. Il manque quelque chose. Je mets un moment à me rendre compte que c'est le bruit. Pas de moteur qui démarre, pas d'enfants qui s'interpellent, pas de portes qui claquent. Rien.

Un voile froid et cotonneux est tombé sur le village : le brouillard. Même les oiseaux, qui d'ordinaire font un charivari infernal dans la vigne vierge de la grande maison du coin, se taisent.

À côté de la pharmacie je rencontre Nicolas, une écharpe jusqu'aux oreilles.

– Quel drôle de brouillard ! murmure-t-il.

Je vois ses lèvres remuer, mais les mots me parviennent à peine.

La cour de l'école, généralement si bruyante, semble coiffée d'un couvercle qui absorberait les cris des élèves. Les autres sont déjà rassemblés au pied de « leur » escalier.

– Il est vraiment bizarre, ce matin, le brouillard, s'étonne Laure.

– C'est génial, non ? s'époumone un visage rose émergeant d'une doudoune vert fluo et d'un bonnet enfoncé jusqu'aux yeux. Tu peux hurler, on ne t'entend presque pas. Pour le contrôle de maths de tout à l'heure, ça va être pratique.

Ce doit être Quentin, celui qui avait une angine. Il a les mêmes cheveux que moi, blonds et raides. Mais il a des yeux bleus qu'il ouvre très grands en prenant un air étonné chaque fois que Nicolas dit quelque chose, ce qui agace prodigieusement Nicolas. Et il bouge tout le temps.

J'avais oublié le contrôle de maths. Zémor m'a raconté que sur la Terre, pour vérifier que les élèves ont bien compris une leçon, on leur demande de la réexpliquer sur une feuille de papier.

J'ai beaucoup ri. Quel temps perdu ! Chez nous, quand on nous a montré le fonctionnement d'un nouveau magnéto-pulseur ou la fabrication d'une gelée calorique, on ne nous demande pas de les décrire, on les recommence directement.

Si on se trompe dans les branchements ou dans les doses, on s'en aperçoit immédiatement et on corrige. À la fin de l'exercice, toute la fratrie sait monter le magnéto-pulseur ou réaliser la gelée.

Ici ils apprennent par petits bouts, lentement, et c'est seulement quand ils sont grands qu'ils mettent en pratique leurs connaissances. Comme entre-temps leurs savants ont fait de nouvelles découvertes, la moitié de ce qu'ils ont appris ne sert plus à rien. Pas étonnant que leur planète soit tellement en retard sur la nôtre.

Ce matin, le contrôle porte sur les périmètres et les surfaces. Sur Sempicor, cela correspond aux programmes que l'on connecte aux enfants de deux solstènes, juste quand ils commencent à marcher. Il faut seulement que je fasse attention à utiliser les unités terriennes : mètre, décimètre, centimètre, etc., et pas les verstes de Sempicor.

Quentin n'est pas du tout content. Comme je me trouve à sa place, la maîtresse l'installe au premier rang, devant son bureau et pas loin du fameux Bertrand. Les jumeaux ont réussi à rester l'un à côté de l'autre, sous prétexte qu'ils n'ont qu'une règle et un compas pour deux. La maîtresse passe dans les rangs pour distribuer les feuilles de contrôle et ramasser les calculettes.

Quentin retrouve sa bonne humeur. Son père lui a offert une minuscule calculette plate qu'il a cachée au fond de sa trousse. Avec un grand sourire, il tend sa grosse vieille machine à Mme Jacquet qui a un moment d'étonnement. D'ordinaire, il proteste à chaque fois qu'on lui enlève son instrument. Mme Jacquet se dit que quelques jours de fièvre ont dû le rendre plus docile.

« Un fermier possède deux champs : l'un rectangulaire de 163 m de long et 46 m de large ; l'autre, triangulaire, de 32 m de base et 73 m de hauteur. Quelle est la surface de chacun de ces champs ? Il les vend 5 euros le mètre carré. Combien va-t-il recevoir ? »

Un problème pour bébé. Le temps d'écrire la réponse en face de chaque question, j'ai fini.

Laure, à côté de moi, dessine les champs sur sa feuille et en inscrit les dimensions. Je dois peut-être en faire autant. Un dessin est plus agréable à regarder que des chiffres.

Pendant que je trace mon triangle et mon rectangle, je surveille le travail de ma voisine pour voir si je présente bien les choses comme les Terriens. Elle est lancée dans les multiplications et elle a déjà fait deux erreurs de calcul. C'est curieux qu'elle ne sache pas trouver de tête des résultats aussi simples. Je la pousse du coude.

– Psitt… Ce n'est pas 7 358 m^2, mais 7 498.

– Ah ! Elle jette un coup d'œil sur ma feuille. T'es sûr ? Mais t'as pas fait les opérations ?

– Ben…

– Oh, t'as caché une calculette. Fais gaffe, Mme Jacquet te mettra zéro si tu ne reproduis pas les opérations. Elle verra que tu t'en es servi.

Le problème, c'est que je ne sais pas comment les Terriens posent ce genre d'opération. Ça ne doit sûrement pas être comme mon système de calcul mental. Me voilà obligé d'observer la technique de Laure. Une ligne de multiplication avec le premier chiffre, puis je décale d'un espace et j'inscris la deuxième ligne. Pas idiote cette méthode, mais un peu longue. Zut, voilà Laure qui se trompe encore. Pour trouver la surface du triangle, elle a oublié de diviser par deux.

– Psitt… pour le triangle, n'oublie pas la division.

Cette fois elle est si surprise qu'elle me regarde quelques minutes écrire mes opérations.

– Dis donc, comment tu fais pour calculer aussi vite ? Tu ne réfléchis pas avant de poser les chiffres ?

– Ben… avec la calculette, je connais les résultats.

– Les résultats, oui. Mais les chiffres intermédiaires ?

– Oh, je suis rapide. C'est tout.

Elle est étonnée. Mais pas autant qu'à midi, lorsqu'à la sortie Ken lui demande de lui rendre la monnaie de sa place de cinéma.

– Bastien, prête-moi ta calculette. Si je ne vérifie pas, Ken va encore tricher.

– J'en ai pas. Prends celle de Quentin.

– Comment, t'en as pas ? Et les surfaces alors, tu les as trouvées comment ?

Là, j'ai commis une belle étourderie.

– Les surfaces… ah oui… tu sais je calcule très vite. À Lille, on faisait beaucoup de calcul mental.

– Même des multiplications à deux chiffres ?

– Bof, c'est pas plus difficile qu'à un seul chiffre.

– Bastien, tu ne serais pas une espèce de génie ?

– Moi, certainement pas. Est-ce que j'ai une tête de génie ?

– Pas vraiment, mais comme j'en ai jamais rencontré, je ne sais pas comment ils sont.

– À mon avis, dit Gilles qui vient enfin de sortir de classe, ils doivent ressembler à Bertrand Legoff.

– Alors c'est vrai, t'as pas une tête de génie ! Mais tu en es peut-être un qui n'en a pas l'air.

– Tu devrais faire un concours à la télé, s'extasie Quentin. À « Questions pour un champion », tu gagnerais tout.

– Non merci. J'aime pas du tout les concours, et j'ai pas envie de passer à la télé.

Il ne manquerait plus que ça. Ils en feraient une tête, sur Sempicor, s'ils me voyaient faire le singe savant sur les écrans de la télévision terrestre.

J'aurais eu du mal à les faire changer d'idée, si Nicolas n'était tombé par terre en butant sur quelque chose de mou.

– Oh, un petit chat. Qu'est-ce qu'il fait là ?

– Il ne bouge plus. Tu l'as peut-être tué, s'affole Clothilde.

– Quand même pas !

– Il devait être mort avant.

– Qu'est-ce qui lui est arrivé ?

– Il ne paraît pas blessé, constate Nicolas, il ne saigne pas.

– Oh, il respire ! s'exclame Laure. Regardez, on voit sa poitrine se gonfler et se dégonfler.

– J'ai dû l'assommer, s'inquiète Nicolas en contemplant ses grosses Kickers avec malaise.

– S'il avait mal, il se plaindrait. Il ne semble pas souffrir.

Laure se décide à attraper le chaton par le cou. Il s'étire un moment, bâille, puis se pelotonne dans ses bras, ferme les yeux et ronronne doucement.

– Il dormait.

– Ici, au milieu de la rue ?

– Et mon coup de pied ne l'a même pas réveillé ?

– Heureusement que c'est toi qui as buté dedans et pas une voiture.

– Les chats ne s'endorment pas sur la route, ils ne sont pas fous ! Ils choisissent des endroits douillets et tranquilles.

– Qu'est-ce qui est arrivé à celui-ci, alors ?

– À mon avis, on l'a drogué.

À ce moment, le brouillard qui s'était un peu dissipé dans la matinée devient brusquement plus dense, comme si une nappe descendait d'un coup sur Montaigü.

– Brrr…, fait Laure en resserrant le chaton contre sa poitrine.

Gilles s'arrête, surpris.

– Vous sentez ?

Ils lèvent tous le nez et se mettent à renifler.

– On dirait de la pâte d'amande !

Je ne sens rien, mais mon odorat est moins développé que le leur.

Le petit chat bâille à nouveau, s'ébroue et saute des bras de Laure qui se penche pour le rattraper.

– Oh, s'écrie-t-elle, par terre l'odeur est beaucoup plus forte.

Je me baisse, je renifle... et je me fige de stupeur. De la pâte d'amande ? Ça pue le gaz sidérant, oui !

Le gaz sidérant est une arme que nous utilisons pour paralyser un moment la vie sur un territoire quand on ne sait pas quel danger il recèle. Dans certaines atmosphères, il a aussi pour effet d'absorber les sons, car il modifie les réactions des molécules à la propagation des ondes. Cela expliquerait le silence de ce matin.

Son effet dépend de la dose vaporisée. À Montaigü, elle doit être très faible car personne n'a été endormi, sauf le chaton qui marche au ras du sol. Le gaz sidérant est plus lourd que l'atmosphère de la Terre. Il a tendance à descendre.

Le brouillard de ce matin doit être un vrai brouillard terrestre auquel on a mélangé un peu de gaz sidérant. Par contre, je ne savais pas que les Terriens utilisaient cette arme.

J'interroge Nicolas :

– Vous vous servez souvent de gaz sidérant ?

– Qu'est-ce que c'est que ce truc ?

– Cette odeur de pâte d'amande, comme tu dis, c'est du gaz sidérant.

– J'en ai jamais entendu parler. Ça sert à quoi ?

– À endormir les gens ou les animaux. Comme le chat.

– Mais il y en a partout dans Montaigü, s'étonne John en reniflant autour de lui.

– Pourtant on n'est pas endormis.

– C'est parce que la dose n'est pas assez forte.

– Comment sais-tu cela, toi ?

– Ben... mon père travaillait dans un laboratoire militaire.

– Il est dangereux ce gaz ?

– Pas vraiment, juste paralysant pour un certain temps. Mais pendant qu'il agit, quelqu'un qui s'en protège avec un masque peut faire tout ce qu'il veut. Personne ne l'en empêche.

– Le savant fou ! Vous voyez que j'avais raison, s'écrie triomphalement Ken.

Savant fou ou visite sempicorienne ?

Le nouveau nouveau

Maintenant à chaque récréation je me joins à la bande.

Je crois que Quentin en a été un peu jaloux au début, parce que j'ai pris sa place en classe à côté de Laure, que les autres me demandent souvent mon avis et accordent moins d'intérêt à ses pitreries. Mais comme je reste discret et que je n'essaie pas de jouer au chef, il a fini par m'adopter aussi.

Les derniers événements font flamber l'imagination de mes nouveaux copains. Ken les a convaincus de visiter les maisons du village apparemment vides, pour voir si elles ne dissimulent pas un laboratoire secret. Comme il est difficile de savoir à quoi ressemble un laboratoire secret vu de l'extérieur, l'enquête donne lieu à de chaudes discussions.

Les soupçons de Ken se portent d'abord sur un terrain isolé dans le haut du village, où un chantier est installé depuis longtemps.

– C'est pas une maison abandonnée, c'est une maison en construction, dit John.

– Oui, mais plus personne ne la construit. Donc elle est abandonnée. Et il y a un gros trou dans le sous-sol, pour cacher le laboratoire c'est pratique.

Bien entendu, le sous-sol est vide, mais les planches pour y descendre sont mal fixées, et la moitié de la bande se retrouve les fesses dans la glaise humide.

Cela n'a pas atténué la curiosité de Ken qui a fini par découvrir, au milieu des vergers, un petit pavillon de meulière aux volets toujours clos. Quand il a pénétré dans le jardin, il a failli se faire dévorer par un berger allemand deux fois plus gros que lui.

L'expérience suivante a été la dernière. À la nuit tombée, les jumeaux, Ludovic et Quentin s'étaient introduits dans le garage d'une bicoque biscornue, pas très loin de chez Quentin, lorsque les habitants, de retour de vacances, ont ouvert le portail. En se sauvant, Quentin a laissé une manche de son blouson sur le grillage, et Ludovic la torche de son père.

Maintenant les visites consistent seulement à tourner autour du bâtiment suspect, assez loin de la clôture si possible.

Je suis perplexe. Une grande partie de ces perturbations est d'origine électro-magnétique, du type de celles que nos vaisseaux pourraient causer en approchant de la Terre.

Les incidents de Montaigü sont peut-être dus aux visites de reconnaissance organisées par Sempicor pour préparer mon exil. Ce qui m'intrigue, c'est qu'ils continuent depuis mon arrivée. Zémor aurait-il laissé quelqu'un en orbite pour me surveiller ? Pourquoi ne m'a-t-il pas prévenu ? Cela ne correspond pas aux habitudes de Sempicor.

Si au moins je pouvais l'interroger. Malheureusement c'est impossible : non seulement je n'ai droit à aucun matériel de transmission mais il m'est interdit de joindre ma planète. Je dois me débrouiller tout seul.

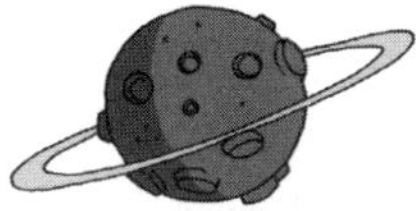

J'ai eu 20 au contrôle de maths, ce qui m'a valu un regard envieux de Bertrand Legoff qui n'a eu que 19, et un clin d'œil complice des membres de la bande, enchantés de voir Legoff battu sur son propre terrain.

La maîtresse vient juste d'écrire au tableau une règle de grammaire à recopier, quand la porte s'ouvre et la directrice entre, poussant devant elle un garçon long et pâle qui baisse le nez comme s'il était puni. Laure me glisse :

– Encore un nouveau ! Il est moche.

Mme Jacquet proteste : il n'y a pas de raison que tous les nouveaux soient placés dans sa classe. Elle n'a pas le seul CM1 de La Châtaigneraie.

– Ils sont déjà 30 dans l'autre classe, expose la directrice. Vous n'aviez que 28 élèves.

– Avec celui-là, le compte est bon. J'ai déjà assez de mal à faire travailler toute cette troupe.

Comme je ne suis plus un nouveau, j'imite les autres : j'examine l'arrivant. Je ne le trouve pas sympathique avec son visage boudeur et renfrogné. Il s'appelle Bruno. La maîtresse le place à côté de Quentin qui le bombarde aussitôt de questions.

– Quentin, tu te tiens tranquille et tu recopies la règle du participe. Demain tu seras interrogé.

– Mais madame, vous m'avez déjà interrogé hier, c'est pas juste !

À la récréation, le nouveau reste debout dans un coin, à côté du chêne. Il ne semble ni malheureux ni intimidé, juste distant et observateur.

Je demande à Quentin :

– D'où vient-il ?

– Sais pas. Il ne m'a pas répondu quand je l'ai interrogé. Il est spécial, il dit rien. J'espère qu'il va changer de place.

Comme nous rentrons en classe, le ciel soudain s'obscurcit. La maîtresse fait allumer les lumières.

On est en train d'attaquer la division à virgule quand toutes les ampoules s'éteignent d'un coup, déclenchant d'abord des « Oh ! » de déception quand la classe devient sombre, et très vite des rires et des « Ah ! » de plaisir quand les élèves réalisent que la division à virgule est remise à plus tard.

Un grand brouhaha monte de la classe, puis des salles voisines. Toute l'école est privée d'électricité.

Les maîtresses courent dans les couloirs, appellent la directrice, qui ne sait plus où est le disjoncteur. Elles vont chercher M. Taquet qui faisait de la gymnastique avec ses élèves dans la cour. Il trouve le disjoncteur dans un placard à côté du bureau de la directrice, il appuie sur le bouton vert pour le remettre en marche. L'appareil explose comme un gros pétard et lâche une gerbe d'étincelles à la figure de M. Taquet qui bat son record de saut en arrière.

Des éclairs sortent de la boîte noire comme d'un cierge magique. La directrice devient pâle, nous demande de prendre nos blousons dans le calme, et de descendre dans la cour. Comme les autres maîtresses en font autant, en trois minutes l'escalier est complètement bouché. Plus personne ne peut descendre ni remonter.

– Appelez les pompiers, ordonne M. Taquet en tâchant de garder son calme.

Mme Jacquet parvient à rejoindre le bureau de la directrice. Elle attrape le combiné du téléphone, écoute, le secoue, réécoute.

– Il n'y a pas de tonalité !

– Voilà la série de pannes qui recommence, murmure M. Lemeur, un maître de CM2.

– Il faut absolument joindre l'EDF pour faire couper le courant, sinon ce fichu machin va mettre le feu à l'école, s'impatiente M. Taquet.

M. Lemeur décide de descendre à la mairie pour prévenir les services, M. Taquet restera pour surveiller le disjoncteur.

Au moment où M. Lemeur traverse la cour en s'emmitouflant dans sa grande écharpe grise, le ciel devient d'un seul coup très noir, le vent se lève, et une nuée de boules blanches se met à dégringoler des nuages.

– Il neige ! s'écrient les enfants.

– Comment ça, il neige ? demande M. Taquet depuis le placard du disjoncteur.

– Si monsieur, je vous assure. Et drôlement fort.

Émerveillé, je contemple ce phénomène que Zémor m'avait décrit. Alors, c'est ça la neige ! C'est tellement plus beau que ce que j'imaginais. Nous n'avons rien de semblable sur Sempicor. Le climat y est beaucoup trop sec.

Cette ronde de flocons est magique. En quelques instants la neige masque les imperfections de la terre.

– Ça tombe vraiment fort, répète Cédric, le plus petit de la classe.

– Je vais avoir les pieds trempés avec mes tennis de toile.

– D'habitude j'aime bien la neige, dit Clothilde, mais aujourd'hui je ne la trouve pas rassurante.

Je me demande comment va réagir le nouveau. Je le cherche des yeux. Il n'est pas parmi les élèves qui courent sous l'averse blanche et essaient déjà de se battre à coups de boules de neige. Il est au fond du préau, contre le mur. Il nous contemple, un sourire ironique sur les lèvres. Ses pieds sont chaussés de confortables après-skis rouge vif.

Il savait donc qu'il allait neiger ! C'est bizarre. Je ne me souviens pas que la météo l'ait annoncé hier soir à la télévision. Et puis il faisait très doux ce matin, personne ne s'attendait à cette tempête.

Bruno a l'air de se fiche de nous, comme s'il était content de nous jouer un bon tour. Est-ce que cette chute de neige serait provoquée exprès ? Et par qui ? Des amis à lui, évidemment, ou des complices.

Modifier le climat, sur Sempicor on connaît. Comme nous manquons d'eau, il nous arrive souvent de produire des orages pour arroser les cultures. Mais les Terriens ne maîtrisent pas cette technique. Ils savent créer une averse occasionnelle en lançant dans l'atmosphère des fusées qui font se concentrer les gouttes d'eau et tomber la pluie, mais pas abaisser la température brutalement d'une dizaine de degrés comme aujourd'hui, rassembler d'énormes nuages et déclencher cette gigantesque averse de neige.

Il y a du Sempicorien là-dessous, maintenant j'en suis certain. Qu'est-ce qui leur prend de détraquer le temps sur la Terre ? Et que vient faire ici ce Bruno, qui en plus n'a pas l'air de me connaître ?

À ce moment, une autre explosion retentit dans l'école, suivie de cris, de cavalcades, et de la voix, cette fois anxieuse, de M. Taquet qui réclame :

– Une couverture, pour étouffer le feu. Surtout pas d'eau. Avec ces fils électriques, on ferait tout sauter.

Va-et-vient dans les couloirs.

– Que les enfants restent dehors, lance à nouveau M. Taquet.

Autour de moi, les visages tout à l'heure enchantés de cette récréation commencent à se crisper.

– Mais que font les pompiers ? s'impatiente la directrice.

Ils arrivent. On entend leur sirène. Le camion rouge s'arrête devant l'école. Des hommes vêtus de cuir noir se précipitent dans la cour où M. Lemeur leur fait de grands signes, et s'engouffrent dans le couloir qui mène au bureau de la directrice.

Rassurés par l'arrivée de ces sauveteurs nombreux et décidés, les enfants perdent leur mine soucieuse et essaient de pénétrer dans le couloir pour voir ce qui se passe.

On entend des ordres claquer, des coups de marteau, les exclamations de Mme Durand, et le crépitement des étincelles qui jaillissent du disjoncteur.

– Ça alors, gronde une voix mâle, jamais vu un truc pareil… Ils vont se décider à couper, à l'EDF, oui ou non ? Voilà déjà un quart d'heure qu'on les a prévenus.

Bruno, immobile contre son mur, observe l'agitation ambiante avec intérêt.

– Toutes ces perturbations sont anormales, explique M. Taquet à Mme Jacquet. Montaigü est le centre de phénomènes très inhabituels. J'ai demandé au maire de faire venir ici une équipe de militaires pour qu'ils mènent une enquête plus approfondie. Ils ont des moyens techniques que les civils ne possèdent pas.

Cette remarque ne semble pas du goût de Bruno. Il se rembrunit et s'éclipse vers les toilettes.

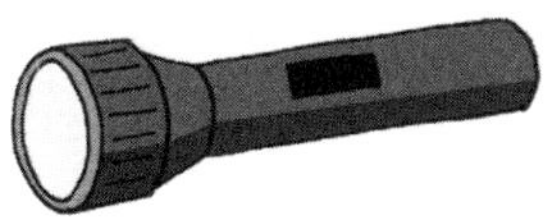

Deux minutes plus tard, les crépitements cessent. Les lumières se rallument et la chaudière refait entendre son ronronnement réconfortant. Bruno réapparaît, satisfait.

Puis les lumières s'éteignent à nouveau et le téléphone sonne. C'est l'EDF qui prévient que le courant est coupé.

Des spécialistes arrivent pour aider les pompiers à démonter le circuit électrique de l'école et identifier l'origine de cette étrange panne.

Devant le caractère exceptionnel de la situation, la directrice renvoie chez eux tous ceux que leurs parents peuvent garder. Après plus d'une heure de coups de téléphone, Laure, les jumeaux et moi sommes autorisés à quitter l'école. Les autres sont obligés de rester car il n'y a personne chez eux.

– Cette fois, les parents ne pourront pas dire que c'est la faute de la mairie ou de l'EDF.

– Même M. Taquet trouve cela anormal.

– D'autant que d'après les pompiers, à Saint-Germain il ne neigeait pas. Comme si tous les problèmes étaient concentrés sur Montaigü.

Je suis d'accord avec eux. Tant pis pour les consignes, je vais contacter Zémor.

Communications spatiales

Pour bricoler un émetteur rudimentaire qui ait quelques chances de joindre Zémor, il me faut un ordinateur, une télévision et le plot de diffusion que, malgré leurs interdictions, j'ai emporté de Sempicor collé contre mon estomac. Je n'allais pas partir tout nu, comme un homme des cavernes !

La télévision, je suis sûr d'en trouver dans toutes les maisons.

– Qui a un ordinateur chez lui ?

– Nous, répond John. Et plein de programmes de jeux.

Leur micro-ordinateur n'est pas très puissant, mais si sa mémoire n'est pas trop encombrée, il pourrait convenir.

– Qu'est-ce que tu veux faire avec ?

Vite, que je trouve une idée.

– Rentrer les dates, les heures, les durées des pannes, et voir si ça a un sens.

– Tu crois que l'ordinateur te donnera une réponse ?

– Peut-être.

– Demande son carnet à Nicolas, tout est inscrit dessus.

Laure est obligée de rentrer chez elle. Je préviens tante Lucie que je reste déjeuner chez les jumeaux et que j'y passerai une partie de l'après-midi.

Les hamburgers préparés par la grand-mère des jumeaux sont délicieux.

J'ai repéré la télévision qui est au salon et l'ordinateur dans le bureau du rez-de-chaussée. Je ne pourrai pas transporter la télé, elle est trop lourde. Mais en démontant l'ordinateur, je pourrais le déplacer par morceaux et l'installer sur la table basse.

Je commence par entrer en mémoire le programme d'accès au réseau d'urgence. Heureusement que ça faisait partie de mes exercices de survie. C'est long car leur machine n'est pas très évoluée. Mais je devrais y arriver. Ensuite, avec mes coordonnées sur Terre et celles d'un des services de surveillance sur Sempicor, l'ordinateur devrait me calculer le canal d'entrée dans le faisceau de liaison.

Les jumeaux, les yeux rivés sur l'écran, m'assaillent de questions.

– Bastien, à quoi servent ces signes bizarres ? Ils ne sont pas sur le carnet de Nicolas.

– Et toutes ces multiplications ?

– C'est pour calculer les écarts entre les pannes... Laissez-moi tranquille, sinon je vais me tromper.

S'ils continuent comme ça, je n'aurai jamais fini avant le retour de leurs parents. De toute façon, il faut que je me débarrasse d'eux car ils seraient horrifiés par le traitement que je vais faire subir à leur matériel. Je dois recommencer plusieurs enregistrements pour les adapter à la machine des jumeaux.

– Quand est-ce que tu auras les résultats ? demande de nouveau John.

– Je ne suis pas sûr d'y arriver.

– Pourquoi ?

– Il manque les informations du début, quand les objets ont commencé à disparaître.

– C'est important ?

– Évidemment. Si ces phénomènes sont liés, il faut raisonner avec l'ensemble des données.

Je ne suis pas certain qu'ils comprennent très bien, mais ils sont impressionnés.

– Comment tu vas faire ?

– Laure a dit qu'elle avait découpé tous les articles de journaux parlant des bizarreries de Montaigü. Si vous alliez les chercher chez elle, ça m'aiderait.

– Vas-y, John. Moi je reste aider Bastien.

– Non, il vaut mieux que vous y alliez ensemble, pour vérifier qu'il ne manque rien.

Ils ne sont pas très contents, mais ils finissent par accepter quand je leur promets de les attendre pour sortir les résultats. J'espère que Laure aura égaré la moitié des articles et qu'ils vont mettre longtemps à les retrouver.

Envoyer leur grand-mère en promenade est plus difficile. Alors tant pis, je vais prendre le risque de l'endormir. D'un coup d'index, je sors mes antennes, et je lui expédie l'ordre de s'assoupir. Je l'installe confortablement dans un fauteuil : elle croira avoir fait une petite sieste, et je me remets au travail. En quelques minutes j'ai terminé mon programme.

Pendant que la machine calcule, je fouille le garage à la recherche d'outils et de fils électriques. Puis je retire la protection arrière de la télévision. Je modifie son système de réception afin qu'elle puisse enregistrer des signaux venus de Sempicor, et j'y raccorde mon plot de diffusion. C'est le plus long et le plus délicat. Enfin je transporte l'ordinateur et je branche les trois appareils ensemble.

Mes connexions sont aussi primitives que le matériel que j'ai trouvé ici. Le plus compliqué est de transmettre mes ondes mentales à ce montage de fortune. Avec des transistors, du papier d'aluminium et quelques mètres de fil électrique, j'ai bricolé des électrodes que j'ai fixées sur ma tête avec du sparadrap. Je dois avoir l'air d'un épouvantail.

Je lance le signal d'appel : trois notes de quatre temps chacune, décalées d'un demi-ton, que je répète sans arrêt dans ma tête. Il faut absolument qu'un relais de transmission automatique l'intercepte.

La sonnerie de la porte d'entrée me fait sursauter. Qui peut bien venir chez les Lannoie à cette heure ? On re-sonne. Je ne bouge pas. Des pas s'éloignent. Par un coin de la fenêtre j'aperçois le facteur qui repart avec un gros paquet.

À ce moment, l'écran de télévision devient blanc et trois notes sortent des hauts-parleurs. Je me concentre. Pourvu que Laure retienne les jumeaux...

– Galanor de la fratrie de Tel. Branchez-moi sur Zémor de Landis, mon instructeur. Il se passe des choses très étranges sur la Terre. Je dois l'en avertir.

Puis je répète mentalement dix fois le même message. Ma tête me fait mal et mes antennes vibrent. Il faut que je tienne le coup jusqu'à ce que l'émission parvienne à mon correspondant. Enfin, la télévision craque, se brouille, s'éclaircit, et j'y aperçois la tête rieuse et le casque vert d'un des vigiles des services de communication spatiale.

– Tu te fiches de moi ! Galanor est en exil, il est privé de matériel.

– Je suis Galanor. J'ai fabriqué un émetteur avec des moyens terrestres. Il est très mauvais, il ne va pas marcher longtemps, alors dépêche-toi. C'est important.

Il ricane, hausse les épaules, bidouille ses cadrans et les touches de ses écrans.

– J'ai trouvé Zémor, je te l'envoie.

Crachotements... dangereux craquements du côté de la télé, puis j'entends enfin :

– Ici Zémor. Comment as-tu pu me joindre ? Tu sais bien que tu n'as pas le droit d'appeler. Si tu as le mal du pays, c'est une très bonne chose. Tu apprécieras d'autant plus ton retour.

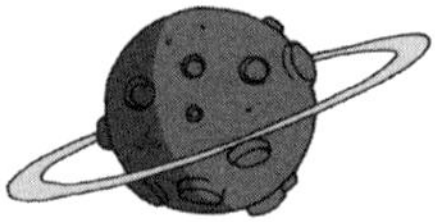

Ils commencent à m'énerver avec leurs leçons de morale, là-haut. S'ils croient que je me suis donné la peine de monter tout cet appareillage, au risque de m'électrocuter, pour un petit coup de cafard ! Je pense tellement fort que le récepteur de Zémor doit en trembler.

– Je n'ai pas le mal du pays. Elle est très bien, cette planète où vous m'avez expédié, et les Terriens sont moins tyranniques que vous. Par contre il s'y passe de drôles de choses : perturbations climatiques, brouillage d'émission radio, interruption de fluide électrique, et vaporisation de gaz sidérant.

– De gaz sidérant ?

– Oui. Je voudrais bien savoir pourquoi vous vous amusez à perturber mon environnement terrestre. Ce n'était pas dans ma punition.

– Quand se sont passés ces événements ?

– Ça a commencé environ un mois avant mon arrivée, et ça continue. Tout à l'heure on était enfouis sous la neige et un court-circuit a failli mettre le feu à l'école.

– Tu es sûr qu'il ne s'agit pas de phénomènes terrestres normaux ? Théoriquement, personne ne doit s'occuper de la Terre pendant que tu y es.

– Que vient donc faire ici un individu d'apparence terrienne, mais qui sent le Sempicorien à deux verstes ? Il est arrivé hier au village, et apparemment il ne sait pas qui je suis.

– Un autre Sempicorien à Montaigü ?

– On dirait bien. D'après son comportement, il était au courant de la chute de neige de ce matin, et il a fait cesser les courts-circuits.

– Tu me surprends, je n'ai pas été informé. C'est curieux car je suis seul responsable de ton dossier et je suis averti de tout ce qui te concerne. Garde le faisceau ouvert, je vais essayer de joindre le Conseil Stratégique pour demander des explications.

– Fais vite, alors. Mon installation n'est pas fameuse.

Crachotements, brouillage. Zémor disparaît. Avec les nouvelles que je lui ai apprises, il a oublié de me questionner sur mon système de communication !

Voilà trois quarts d'heure que Ken et John sont partis. Ils ne vont pas tarder à revenir. Espérons que Zémor m'aura rappelé avant.

Bruit de moteur dans l'allée. Comme si je n'avais pas assez de problèmes avec la grand-mère, les jumeaux et les communications intergalactiques ! Pourvu que ce soient les voisins.

Mais non, une voiture se gare devant la porte, et Mme Lannoie en sort rapidement. Elle est professeur de gymnastique et doit avoir terminé son cours. Elle pousse la porte et appelle :

– Maman, les enfants sont bien rentrés ? Il paraît qu'il y a eu un incendie à l'école.

J'attends qu'elle ait atteint le tapis pour qu'elle ne se fasse pas mal en tombant et... hop, je l'endors aussi sec.

Je devrais avoir assez de fluide pour fermer la porte à clef. Avec les objets métalliques, les modifications à distance marchent assez bien. Je me concentre... « clic », c'est bouclé. J'ai la paix.

La télé se remet à craquer. La tête de Zémor, sympathique mais soucieuse, apparaît.

– Tu as flanqué une belle émotion aux Stratèges. D'après les services opérationnels, aucune expédition terrestre n'a été programmée récemment en dehors de la tienne. Tu es certain de ce que tu affirmes pour le gaz sidérant et le reste ? Ce ne seraient pas des ennemis de ton pays qui provoqueraient ces perturbations ?

– Pour le gaz, je n'en suis pas sûr. Les Terriens peuvent savoir fabriquer des produits semblables. Mais pour les autres phénomènes, d'après ce que tu m'as enseigné, ils sont incapables de les provoquer, encore moins d'en contrôler le déroulement.

– C'est très ennuyeux. Le Conseil Stratégique a lancé une enquête et demandé que tu cherches à en savoir plus de ton côté, en particulier au sujet de ce Sempicorien inconnu. On va t'expédier du matériel de transmission et d'observation. Il atterrira jeudi à 19 heures dans les vergers entre Herbelay et Montaigü, derrière les tennis. Il n'y a jamais personne dans ce coin à ce moment-là. Sois prudent, il ne faut surtout pas affoler les Terriens, et encore moins donner l'alerte à l'autre Sempicorien avant de l'avoir identifié.

Zémor disparaît. Ainsi le Conseil des Sages n'y est pour rien. Les désordres de Montaigü ne sont pas une épreuve supplémentaire qu'il aurait décidé de m'imposer. J'aime mieux ça. Par contre c'est inquiétant. Car si ces troubles ne sont pas organisés par les Stratèges de Sempicor, par qui le sont-ils ?

Entraînement de foot

J'ai remis en ordre la maison de Ken et John aussi vite que je pouvais. Puis je me suis allongé sur le carrelage pour avoir l'air de dormir quand les jumeaux reviendraient.

Ce fut un beau moment de panique. Les garçons ont cru que nous étions assommés. Ils ont averti les voisins, qui nous ont palpés pour chercher d'éventuelles blessures, et ont évidemment réussi à nous réveiller.

On a appelé un médecin, auquel j'ai déclaré que j'allais très bien. Pour le prouver, je suis parti jouer au foot dans le jardin. Je n'avais pas envie d'être examiné de trop près.

Ken et John sont convaincus que cette étrange léthargie est une nouvelle manifestation du savant fou.

– T'as trouvé quelque chose ? me demande Ken au moment où je m'en vais.

– Pas eu le temps avec ce sommeil, je continuerai un autre jour.

Ce matin, le village est parfaitement normal. Il reste un peu de neige sur les pelouses, mais elle fond vite aux rayons d'un bon soleil d'automne rassurant. Les enfants de l'école ont retrouvé leur insouciance. Ils regrettent même que l'incendie de la veille n'ait pas fait plus de dégâts, ils seraient bien restés en vacances quelques jours.

On parle de plus en plus de Montaigü dans les journaux locaux. *Le Courrier* a consacré une page entière au village couvert de neige. Et, à la mairie, les réunions se multiplient. Mes amis sont maintenant tous persuadés de l'existence d'un individu malfaisant et génial, ayant choisi Montaigü comme terrain d'expérimentation...

Laure et Nicolas ont fait part de leurs réflexions à leurs frères aînés. Mais ils ne les ont pas pris au sérieux.

– Vous voyez des gangsters partout ! a répondu Marc, le frère de Laure.

Laure était triste et vexée : quand elle était en CE2, Marc l'avait aidée à démasquer un espion, mais maintenant qu'il a une petite amie à qui il téléphone tous les soirs pendant une heure, il ne prête plus attention aux déductions de Laure.

J'observe Bruno. Une chose me fait bien plaisir : il n'est pas du tout aussi réussi que moi. Sa peau trop blanche, ses cheveux filasse et ses yeux un peu proéminents lui donnent une allure maladive. Son silence et le mépris qu'il affiche pour ces pauvres petits Terriens arriérés le rendent antipathique à toute la classe.

– Un nouveau fayot ! Comme si on n'avait pas assez de Legoff, se plaint Ludovic.

– Il parle moins que Bertrand, il ne lève jamais le doigt.

– Oui mais on sent qu'il connaît les réponses. Mme Jacquet l'a bien compris. À chaque fois qu'elle pose une question un peu difficile, c'est lui qu'elle regarde d'abord.

– C'est vrai. Parfois même elle est embarrassée, comme si elle craignait qu'il soit plus savant qu'elle.

– Remarque, ce serait marrant qu'il lui dise : « Non madame, le mont Machin Chouette ne mesure pas 6 300 mètres, mais 7 200. » Elle en ferait une tête !

Les élèves de la classe redoutent un peu Mme Jacquet. Elle est plutôt sévère, donne beaucoup de devoirs et n'est pas tendre avec les paresseux. Surtout, les parents l'adorent : « C'est une excellente maîtresse, tu as de la chance de l'avoir cette année en CM1 qui est une classe importante. Ce que tu vas apprendre avec elle te servira jusqu'en cinquième. »

Vous vous rendez compte, pour des petits Terriens, apprendre en une année le programme de quatre ans ! Ça ne les amuse pas du tout. En plus, lorsqu'ils pestent contre leur maîtresse, ils sont sûrs que les parents ne leur donneront pas raison. Il ne leur reste qu'à travailler et à se taire, deux choses qui ne les emballent pas vraiment.

Plus j'observe Bruno, plus je suis persuadé qu'il vient de Sempicor lui aussi. Mais il a été moins bien préparé que moi. On sent qu'il connaît mal les habitudes des écoliers de Montaigü, et qu'il s'en moque. Ce qui m'intrigue, ce sont les questions qu'il s'est mis à poser sur les élèves de la classe.

– Le plus savant, c'est qui ? demande-t-il à Pierre-Emmanuel.

– Legoff, il sait tout.

– Il est nouveau ?

– Non mais il a déménagé le mois dernier.

– Et d'autres nouveaux, tu en connais ?

– Il y a Bastien, bien sûr. Mais c'est pas un vrai nouveau pour Montaigü. Ses parents habitent à la Closerie depuis longtemps, à côté de chez Anne-Charlotte. Bastien devait être en pension, à Lille je crois.

Pierre-Emmanuel ignore qu'oncle Gaspard et tante Lucie ne sont pas mon père et ma mère. Seuls mes copains sont au courant.

On dirait que Bruno sait qu'il y a à Montaigü un autre Sempicorien caché sous une apparence terrienne, et qu'il cherche à l'identifier. Pour en faire un allié ? Ça m'étonnerait. Il s'y prendrait autrement. Je crois plutôt que ma présence le gêne, qu'il ne veut pas de témoin de ses actes. Ou bien qu'il a peur que je l'empêche de mener ses projets à sa guise. Ils ne doivent pas être très honorables, ses projets.

Pour me faire prendre patience en attendant des nouvelles de Zémor, il n'y a pas mieux que le foot. J'aime bien les séances d'entraînement, on y apprend des tas de choses tout en s'amusant. J'y vais avec Nicolas, Ludovic et Quentin. Aujourd'hui, après les mouvements d'échauffement (courses, sauts, pompes), Jean-Michel, l'entraîneur, veut améliorer notre technique de dribble en nous faisant zigzaguer avec le ballon entre des plots en plastique. Quentin est excellent à cet exercice d'adresse. Ludovic est meilleur aux tirs au but. Ma spécialité à moi, c'est plutôt les passes à droite, puisque je suis gaucher.

– Les verts, repos, dit Jean-Michel. Je continue avec les noirs. Après, on fait une petite partie.

Aujourd'hui, les verts, c'est nous. Ça veut dire qu'on a enfilé un brassard vert sur notre sweat-shirt.

– Tu crois que tu vas trouver un truc intéressant en rentrant les pannes dans l'ordinateur des jumeaux ? demande Quentin.

– Elles arrivent par paquets, reprend Nicolas. Il y en a cinq, six, en un ou deux jours, puis elles s'arrêtent et ça recommence plus tard.

– Lundi, on n'a eu que l'incendie.

– Le téléphone était coupé aussi.

– Oui, mais c'est tout pour la semaine.

– Si on regardait dans mon carnet ? dit Nicolas. Tu l'as rapporté ?

– Il est dans mon blouson, au vestiaire du gymnase.

Le gymnase est situé un peu à l'écart du terrain de foot. La porte est grande ouverte, ce qui n'est pas habituel, et le vestiaire est occupé. Trois minces silhouettes s'y activent avec efficacité à fouiller les vêtements. Le plus grand vient de découvrir mon blouson neuf et ne semble pas vouloir me le rendre. Que va dire tante Lucie ?

Je me précipite sur lui. Mais il est plus vieux et plus fort que moi, et ses copains viennent aussitôt à son aide. Je reçois un coup dans les côtes, un autre dans la figure. Je tombe, j'ai la tête qui tourne. Tant pis pour le blouson. Perdre un vêtement n'est pas grave. En revanche, il ne faudrait pas qu'en me cognant trop fort, ils me brisent quelque chose, et que je me retrouve brusquement avec la moitié de la figure bleu pâle ou une antenne écrasée…

Ludovic et Nicolas ne l'entendent pas ainsi. Bien que les autres les dépassent de vingt bons centimètres, ils se ruent sur mes assaillants. Ludovic balance son pied dans l'estomac du plus grand, qui chute en l'entraînant à terre où ils se démènent comme des chiffonniers. Nicolas essaie une prise de judo, mais sur le sol de carrelage glissant, les pieds dans les pulls et les pantalons, ça n'est pas très efficace. Nicolas se retrouve bientôt le nez sous un banc. Quentin a mordu le plus petit jusqu'au sang et lui tape dessus avec une basket. Je retourne à la bagarre.

Le pugilat a bien duré dix minutes, puis nos adversaires ont décampé, sans doute plus par crainte de voir apparaître un prof ou le gardien qu'à cause de notre force de frappe. Nicolas boite. Quentin a l'impression qu'on lui a démis le bras. Ludovic saigne du nez, mais il brandit triomphalement mon blouson, un peu déchiré.

Les verts n'ont pas été très brillants dans la partie de vingt minutes qui a suivi, mais nous avons emporté une victoire plus importante.

Je n'en reviens pas que mes copains se soient battus contre des plus grands et des plus costauds, non seulement pour moi, mais pour un objet auquel ils pensaient que je tenais. Jamais mes compagnons de fratrie n'auraient fait ça : infériorité technique, vêtement remplaçable, risque inutile... tout leur aurait conseillé d'attendre docilement que les attaquants me dépouillent et s'en aillent. J'aurais seulement dû me trouver un autre blouson.

Mes amis terriens n'ont aucune prudence, et encore moins de discernement, pourtant je me sens vraiment très bien ce soir-là, encadré par Nicolas et Ludovic, Quentin marchant en tête, mon blouson en étendard, à brailler à travers le village :

– On a gagné… on a gagné !

Cet événement m'a donné une idée. Zémor m'a demandé d'essayer d'en savoir plus sur Bruno. Je voudrais vérifier s'il ne cache pas un quartz de liaison dans ses affaires. Cela signifierait qu'il est en rapport avec une équipe de soutien, ce que je soupçonne car il est trop sûr de lui pour quelqu'un qui se serait aventuré seul, si loin de chez lui.

Je crois que je peux demander de l'aide à mes copains. Bien sûr, je ne leur ferai pas part de mes vrais soupçons. Mais si je leur parle des après-skis qu'ils n'ont pas l'air d'avoir remarqués, ils comprendront que Bruno n'est pas seulement antipathique, mais aussi dangereux, et ils accepteront de me donner un coup de main.

Non seulement ils ont accepté, mais j'ai passé un quart d'heure à les calmer. Ils voulaient lui tomber dessus à bras raccourcis.

– C'est sûrement le fils du savant, dit Ken.

– Il faut le faire avouer ! ajoute Quentin.

Je leur explique que je veux d'abord fouiller ses affaires. Nous trouverons peut-être une preuve de sa complicité avec le savant et nous pourrons la montrer aux gendarmes.

À la récréation, ils entraînent Bruno, qui n'ose pas refuser, dans une infernale partie de gant. C'est un jeu qu'on a inventé pour remplacer le foot, interdit dans la cour de l'école. On bourre un gant avec n'importe quoi, écharpe, bonnet, et on s'en sert comme d'un ballon mais avec les mains.

Je file vers les escaliers et grimpe au deuxième étage. Je vide son cartable mais n'y trouve rien de suspect. Sa calculette est banale, la pile n'est pas un émetteur camouflé, ses stylos ne servent qu'à écrire. Son casier ne contient que des livres, et la poignée de son cartable ne recèle aucun amplificateur directionnel. S'il cache quelque chose, il a dû le garder sur lui.

Je redescends. Bruno est rouge comme une tomate à force de courir et le gant de Gilles a perdu un doigt. Nicolas me rejoint.

– Alors ?

– Rien.

Les autres arrivent. John a les mains noires, et les genoux de son jean sont couverts de boue.

– Il pue, le nouveau, annonce-t-il. Je lui ai fait un plaquage pour récupérer le gant et je me suis étalé sur lui. Il sent une drôle d'odeur.

– De pâte d'amande, comme le jour du brouillard ? je demande, inquiet.

– Non pas ça. Plutôt une odeur de clinique.

– C'est quoi une odeur de clinique ?

– T'y as jamais été ? Ben c'est comme une odeur d'hôpital.

Ça ne m'avance pas beaucoup.

– C'est l'éther, déclare Clothilde. Moi, ça me donne envie de vomir.

– Tu penses que l'éther a un rapport avec les pannes ?

– C'est sûrement avec ça qu'il a endormi maman et Bastien hier, s'écrie Ken, soudain illuminé.

– Ça ne sentait pas l'éther à la maison, dit John.

– L'odeur aura disparu pendant leur sommeil.

– Moi je n'ai rien remarqué, dit Quentin.

– Évidemment, avec ton rhume !

Après l'école, nous passons par la pharmacie où la préparatrice, qui est une voisine de Ludovic, accepte de me faire sentir un flacon d'éther. Je dois devenir blanc, car Ludovic m'attrape le bras pour me soutenir.

– C'est dégueulasse, hein ? affirme-t-il avec conviction.

Dégueulasse, oui ! Pas l'odeur de l'éther, mais ceux qu'elle accompagne toujours comme une signature : les mercenaires de Bruzor.

Les mercenaires de l'espace

Sur Sempicor, nous ne craignons pas grand-chose : les maladies ont toutes été identifiées par les médecins qui ont fabriqué des vaccins pour nous en protéger et, quand on se casse la jambe ou le bras, les os se ressoudent en caisson de reconstitution.

Si le temps est trop sec, on condense la vapeur d'eau en nuages qui éclatent en averse. S'il fait trop chaud, on provoque un appel d'air entre les pôles et l'équateur et on perd dix degrés dans la journée. La planète est protégée par un écran magnétique détruisant les astéroïdes qui risqueraient de s'écraser au sol. Les habitants sont paisibles et disciplinés. La seule crainte qui nous réveille parfois en sursaut, ce sont les mercenaires de Bruzor.

Bruzor est notre planète sœur. Elle évolue autour de Simarion, notre soleil, sur la même orbite que nous, mais décalée d'un demi-solstène. À l'origine, il y a six milliards d'années terrestres, nous ne formions qu'un seul amas de poussières stellaires. Puis, entraîné par la vitesse de la rotation, cet amas s'est aggloméré en deux magmas séparés. Nous sommes devenus deux planètes autonomes.

La vie sur Bruzor s'est développée au même rythme que sur Sempicor, jusqu'à l'apparition des premiers mammifères, il y a cent millions d'années. C'est à ce moment-là que la catastrophe s'est produite. Un énorme astéroïde a évité Sempicor de justesse, et est venu s'écraser sur Bruzor. Ça a dû faire une gigantesque explosion et dégager un énorme nuage de poussière si épais que les rayons de Simarion ne parvenaient quasiment plus jusqu'au sol. Les plantes sont mortes par manque de lumière, et les animaux par manque de nourriture. Seules quelques mousses très résistantes ont survécu.

Il a fallu dix ans au nuage de poussière pour retomber sur le sol. Quelques plantes ont pu recommencer à se développer et à se transformer. Des animaux ont réapparu lentement. Les composants de l'astéroïde avaient partiellement stérilisé le sol. Personne ne s'y aventurait. Jusqu'à la révolte des Nabis.

Les Nabis occupaient un petit continent de l'hémisphère Nord de Sempicor où le climat est très rude. Pour survivre ils menaient autrefois une vie austère et disciplinée. Les chefs donnaient l'exemple.

Ils étaient fiers de leur sobriété et trouvaient normal de punir les indolents. On pense que leur exemple a un peu inspiré les Sages de Sempicor lorsqu'ils ont mis en place l'organisation qui nous permet d'être si prospères aujourd'hui.

Seulement, pour les Nabis, nous n'étions jamais assez sérieux ni assez travailleurs. Ils nous auraient bien tués à la tâche pour faire de Sempicor la planète la plus puissante de l'univers, avec eux comme chefs. Cette idée ne plaisait pas au Conseil des Sages. Les Sempicoriens sont disciplinés parce qu'ils le veulent bien, pas parce qu'on les y oblige. Et ils n'aiment pas du tout qu'on les force à faire des choses contre leur gré. Les Sages l'ont dit aux Nabis qui sont partis en claquant la porte du Conseil.

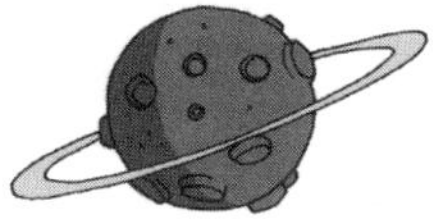

Le lendemain, ils entraient en guerre contre le reste de la planète. Ils pensaient s'en rendre maîtres facilement, car nous vivions en paix depuis deux mille solstènes, et les Nabis nous croyaient incapables de nous défendre. Mais les Sages avaient toujours gardé une armée secrète, équipée et prête au combat : la Garde Pourpre.

La guerre a duré deux solstènes. Finalement, les Nabis ont été vaincus et ils sont partis s'installer sur une autre planète pour y préparer leur vengeance : reconquérir Sempicor.

Pour ne pas aller trop loin, ils ont choisi Bruzor, la seule planète inhabitée du système de Simarion. Son aridité ne leur faisait pas peur. Seulement Bruzor n'était pas accueillante et les Nabis pas assez nombreux pour la développer. Petit à petit ils se sont persuadés que nous étions responsables de leurs ennuis, qu'ils étaient partis parce qu'on ne les acceptait plus. Leurs chefs leur ont expliqué que nous n'avions pas le droit de continuer à profiter d'un monde aussi agréable que Sempicor, tandis qu'eux crevaient de chaleur sur Bruzor. Pour rétablir cette prétendue injustice, ils décidèrent de devenir pirates. Et ils sont devenus de redoutables pirates.

Progressivement ils se sont détachés de Bruzor où ils ne gardent que des bases et un bagne où ils font travailler leurs prisonniers. Le bagne de Bruzor est la terreur des Sempicoriens. Nous organisons régulièrement des commandos pour y récupérer nos malheureux concitoyens.

À force de vivre en pesanteur artificielle, cachés dans les coins d'ombre, les Bruzoriens se sont transformés. Ils sont devenus longs et pâles, et ils supportent très mal les rayons solaires.

Je me demande comment Bruno a pu se métamorphoser en Terrien. Pour moi c'était facile, il n'y avait pas grand-chose à changer. Maintenant que je sais d'où il vient, je comprends pourquoi il est si maladroit et si blême. Moi qui me disais que mon exil aurait au moins l'avantage de me transporter dans un monde sans Bruzoriens… voilà que je les retrouve ici !

Sur Sempicor, personne ne doit être au courant, sinon on m'aurait mis en garde. Il va falloir que j'avertisse Zémor. J'aurai du matériel plus adapté puisqu'on doit me livrer un transmetteur ce soir.

J'attends six heures pour que la nuit commence à tomber, et quitte l'appartement. Je prends le chien en laisse et je crie à tante Lucie :

– Je vais promener Raspoutine.

La promenade sera plus longue que d'habitude, j'espère que tante Lucie n'aura pas le temps de s'inquiéter…

Je dois traverser tout le village car la route d'Herbelay est de l'autre côté. Je ne tiens pas à rencontrer mes copains, il me faudrait inventer une excuse pour me débarrasser d'eux. J'évite la place de la Mairie, où il y a toujours du monde, et dans la Grand-Rue je me hâte, craignant de voir surgir Laure ou les jumeaux qui habitent tout près.

La petite route d'Herbelay passe devant les tennis municipaux. Il est tard et plus personne ne joue. Après, une barrière empêche les voitures de passer. Seuls les piétons et les vélos empruntent ce chemin, et la nuit il n'y a plus personne.

À égale distance entre les deux villages, dans le creux à l'abri des poiriers, je passerai inaperçu. Et je peux compter sur Zémor pour être le plus discret possible.

Ils sont à l'heure. Un halo crémeux se matérialise en silence au-dessus de moi. Un rayon vert pâle s'en détache et balaie le sol jusqu'à ce qu'il me trouve. Un très léger crépitement me parvient du ciel, et une étrange nostalgie m'envahit. Pour la première fois je réalise que je suis en exil. Là-haut, dans le vaisseau, baignant dans la lumière orangée de la salle de pilotage, l'équipage doit se préparer à m'expédier mon matériel...

Un sac de sport tout à fait semblable à celui de Nicolas ou de Ludovic glisse le long du rayon télé-porteur et atterrit en douceur à mes pieds. Sur la poignée est accrochée une petite pochette noire que j'ouvre aussitôt. Zémor y a placé un quartz. Pas n'importe lequel. « Mon » vieux quartz un peu éraflé. C'est sa façon de m'envoyer un signe d'amitié. Je code immédiatement : « OK, j'ai le paquet. Tout va bien. » Le rayon s'éteint, le halo clair diminue lentement et disparaît.

Me voilà seul à nouveau.

Legoff, héros malgré lui

Le câble qui conduit l'électricité à l'école a été sérieusement endommagé par le feu d'artifice de l'autre soir. L'EDF a branché une installation provisoire mais elle peut être dangereuse, il ne faut pas la laisser en place trop longtemps. Les ouvriers vont venir réparer demain, et pour qu'ils puissent travailler sans risque d'accident, il n'y aura pas classe.

Mes copains qui commençaient à faire des plans pour aller à la piscine ou au cinéma ont dû déchanter : Mme Jacquet profite de l'occasion pour nous emmener au musée des Sciences et Techniques de la Villette, avec les CM1 de M. Damien.

C'est très pratique un musée. On y met des tas de choses qui ne servent plus. Ça débarrasse les greniers et les hangars, et en plus les gens paient pour venir voir comment on vivait autrefois. À mon retour, je proposerai cette idée au Grand Conseil. On y exposera les vieux modèles de vaisseaux. Ce sera plus simple que de les expédier sur le troisième anneau.

Nous nous sommes placés à la queue, le plus loin possible de Bruno et des maîtres.

– Maintenant, qu'est-ce qu'on fait ? demande Nicolas.

Voilà la question que je redoutais. D'après ce qu'ils m'ont raconté, ils ont pris l'habitude de jouer les super flics dans leur village, en démasquant un vrai espion l'année dernière, et en faisant évader un petit Américain[1]. Seulement cette fois, la menace est d'une autre nature.

Ils se tournent vers moi. J'en suis flatté, mais pour le moment je n'ai pas d'idée à leur proposer, sauf celle de se tenir le plus tranquille possible, ce qu'ils n'ont certainement pas envie d'entendre.

– Si on téléphonait à M. Marcus, suggère Clothilde.

M. Marcus est le contre-espion avec lequel ils ont fait leur première enquête.

– Il est en voyage, dit Laure, aux Philippines. J'ai reçu une carte postale de lui hier.

– Écrivons-lui alors, dis-je aussitôt. Lui au moins nous croira.

Cette suggestion va les occuper pendant un bon moment sans grand danger.

1. Voir *Superman contre CE2* et *Opération caleçon au CE2*.

Mes amis n'ont pas porté beaucoup d'attention à la visite du musée. Nicolas a commencé à écrire sur son carnet vert la liste de ce qu'il faudrait expliquer à M. Marcus, et les questions à lui poser. Quentin a dessiné un portrait de Bruno. Cette lettre fera bien quatre pages quand elle sera écrite.

Moi, par contre, j'ai été très intéressé par le Planétarium. Sur la voûte ronde j'ai vu bouger les étoiles les plus visibles depuis la Terre. Cela m'amuse toujours de voir qu'à côté d'Alpha du Centaure, énorme et brillante, se trouve Simarion, petite et modeste, mais dont le système planétaire est un des plus actifs de la galaxie.

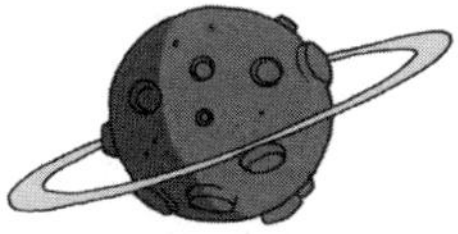

Nous rentrons à Montaigü vers trois heures et comme nous ne pouvons pas utiliser les salles de classe, Mme Jacquet et M. Damien nous laissent jouer dans la cour et sous le préau. Nous entamons une partie de chat-ballon.

Bruno semble, depuis un moment, s'intéresser à Legoff, ce qui flatte le premier de la classe.

À quatre heures et quart, Mme Jacquet nous ordonne de monter dans la classe pour récupérer nos livres de grammaire. Ce ne sont pas les pannes d'électricité qui lui feraient oublier les devoirs !

– Où sont Bertrand et Bruno ? demande-t-elle.

Leurs places sont vides.

– Anne-Charlotte, va voir dans la cour.

Pas dans la cour, ni dans les autres classes, ni dans les toilettes, ni dans la salle des maîtres. Mme Jacquet, qui a pourtant beaucoup de sang-froid, commence à s'alarmer. Elle appelle la directrice, qui appelle M. Taquet, qui téléphone à la mairie, qui nous envoie les policiers municipaux qui nous interdisent de quitter l'école et fouillent à nouveau les autres classes, la cour, le préau, les toilettes, la salle des maîtres, et même le bureau de la directrice.

Encadrée par les deux policiers municipaux bredouilles, la directrice s'effondre sur une chaise.

– Ils ne sont pas chez eux non plus, j'ai téléphoné.

– Ils ne doivent pas être loin, la rassure Mme Jacquet.

Comme il est presque cinq heures, on nous renvoie chez nous. Mes copains n'ont pas envie de rentrer. Ils sont persuadés que la disparition de Legoff est l'œuvre du savant.

– Bruno préparait son coup cet après-midi.

– Je me demande pourquoi le savant a enlevé Legoff.

– Il va s'en servir pour des expériences, dit Quentin que cette perspective ravit.

– Moi je crois plutôt qu'il veut en faire un exemple, pour impressionner les gens.

– Alors il ne le rendra pas vivant ?

– Va savoir avec un fou.

– Il n'est peut-être pas encore mort, suggère Gilles. Si on essayait nous aussi de le chercher ?

– On va chez Bruno comme si on lui rendait visite, et on fouille partout.

– Tu vas te retrouver transformé en pile électrique, avertit Quentin.

– On ne sait pas où il habite.

– Moi je sais, dit Gilles. C'est à côté de chez moi, une des maisons en bois du chemin des Alluets.

Les garçons décident d'aller y voir. Tous ensemble, c'est plus rassurant. Je les suis en me creusant la tête pour découvrir le moyen de les faire changer d'avis. Ces Terriens ne réfléchissent pas assez, comme la plupart des héros de leurs films. Ce qui compte pour eux c'est de foncer et d'agir. Après ils examinent le résultat. En tout cas, qu'ils ne comptent pas sur moi pour pénétrer dans ce repaire de pirates avec eux. À cinquante mètres de la maison de Bruno, je m'assois sur une borne.

– Allez-y si vous voulez, moi je reste ici. Je ne vais pas chez les fous avant de savoir combien ils sont, et quel genre de folie ils ont.

– T'es un dégonflé.

– Peut-être, mais je m'en fiche.

– Au fond, dit Quentin, pas téméraire, Bastien a raison. Pas la peine de prendre des risques pour Legoff.

– C'est pas pour Legoff qu'on y va, mais pour les démasquer et les empêcher de continuer.

– Et vous vous croyez assez malins pour y arriver seuls ?

Ils seraient restés sur place à discuter si Gilles, encore lui, ne s'était écrié :

– Regardez, ils ont laissé la porte ouverte.

Effectivement, la porte d'entrée bâille.

– C'est un piège, ne bougez pas.

– Celle du garage aussi est ouverte. Y a pas de voiture dedans.

– Ils ont filé !

– Peut-être qu'ils ont eu peur, et qu'ils ont abandonné Legoff.

– On y va.

Cette fois ils sont partis pour de bon. Moi je reste sur ma borne... jusqu'à ce que Laure ressorte toute pâle, en appelant d'une voix à peine audible :

– Bastien, viens voir. C'est affreux, il est mort.

Legoff est couché par terre au milieu d'une pièce vide, en slip et tee-shirt. Il ne bouge pas. Il est pâle comme les draps de tante Lucie.

Clothilde éclate en sanglots, les garçons le contemplent, hagards. C'est la première fois qu'ils voient un mort. Moi aussi d'ailleurs. Nous faisons cercle autour de Legoff sans oser le toucher. Soudain, les sanglots de Clothilde s'arrêtent.

– Là, hoquette-t-elle en désignant du doigt le cou de Bertrand Legoff.

Juste sous l'oreille gauche s'étale un énorme bleu au centre duquel suintent encore deux minces blessures verticales.

– Des traces de coupures… comme des morsures de vampires.

Mes copains se sont figés sur place. Jusqu'à présent le savant fou était un personnage à moitié imaginaire. Ils jouaient à y croire. Le corps immobile de Bertrand Legoff et ces étranges blessures au cou lui donnent soudain une réalité angoissante.

– Je vais appeler mes parents, dit Nicolas d'une voix incertaine en se dirigeant vers un téléphone posé par terre dans l'angle de la pièce.

Le mort lui répond par un long soupir plaintif.

– Il bouge.

– Il respire.

– Il est vivant !

– Attention, s'il est devenu vampire à son tour, il va nous mordre.

Le cercle s'écarte immédiatement. Nicolas reprend le téléphone. Mais sa mère n'est pas encore rentrée du bureau. Alors il appelle la mairie.

Ils arrivent tous en même temps : les policiers municipaux, le SAMU, le maire, Mme Jacquet, M. Taquet, Mme la directrice et la mère de Legoff. Bertrand n'a jamais intéressé autant de monde.

On le palpe, on lui mesure des tas de choses et on l'emporte sur un brancard. Puis on nous interroge. Comment l'avons-nous trouvé ? Que faisions-nous dans cette maison à vendre ? Comment sommes-nous entrés ?

– Une maison à vendre ? dit Gilles. C'est celle de Bruno.

– Quel Bruno ?

– Bruno Gleize, le nouveau, celui qui a disparu avec Legoff.

– Il n'a plus disparu, coupe Mme Jacquet, il est rentré chez lui en retard parce qu'il est passé par la bibliothèque.

– C'est pas sa maison ici ?

– Pas du tout, il habite à La Châtaigneraie, allée de la Sente Noire.

Nous nous tournons vers Gilles.

– Mais, bredouille-t-il, je l'ai vu entrer ici avant-hier.

Et les questions recommencent. Pourquoi Gilles a-t-il suivi Bruno ? Il ne l'a pas suivi, le chemin pour rentrer chez lui passe devant cette maison. Comment était la pièce quand nous sommes arrivés ? Avons-nous fait attention à ne toucher à rien ?

Clothilde a essayé de leur expliquer que nous étions sur les traces d'un savant fou qui détraque le temps et enlève les enfants de Montaigü, mais les adultes ont paru si ironiques que mes amis ont gardé le reste de leurs déductions pour eux.

Quant à moi, je n'y comprends rien. Les Bruzoriens sont des gangsters, des pillards, des cinglés parfois, mais pas des vampires buveurs de sang.

Ludovic est tombé sur la tête

– Un Bruzorien ! s'exclame Zémor. Tu as vérifié ?

– Un de mes compagnons l'a approché de très près, il pue le gaz amer.

Ce soir, oncle Gaspard et tante Lucie sont invités à dîner chez un collègue d'oncle Gaspard. Cette sortie n'enchantait pas tante Lucie. Elle aurait préféré rester à la maison plutôt que d'essayer d'être aimable avec une dame qu'elle connaît à peine, tandis que les hommes parleraient travail ou sport.

Moi, cette invitation m'arrangeait. J'ai pu monter mon système de transmission et appeler Zémor.

– Ce n'est pas tout. Hier, ils ont enlevé un garçon de ma classe et ils l'ont rendu le soir, évanoui, avec une drôle de marque au cou.

– Les Bruzoriens n'y sont peut-être pour rien. Cet enfant a pu se blesser de façon très banale.

– Il n'y avait pas que la blessure. Il était en léthargie profonde, comme si on avait voulu le rendre inconscient pendant un certain temps.

– Curieux, cet intérêt soudain pour la Terre...

– Peut-être qu'ils en ont assez d'être pourchassés, et qu'ils ont décidé de changer de système stellaire ?

– Ça m'étonnerait. Pour des pillards, le système solaire n'est pas une bonne affaire. C'est trop pauvre : une seule planète habitée, pas grand-chose à voler. Non, il y a une autre raison à cette expédition. Je me demande si ça n'a pas un rapport avec la nouvelle arme que le Lab 200 a mise au point.

Le Lab 200 est l'équipe de recherche la plus douée de la planète. En font partie les fous et les génies : les génies pour réaliser les idées des fous. Ce sont les chouchous du Grand Statuor. Ils sont dispensés de corvée, peuvent laisser traîner leurs déchets, et même oublier les périodes d'entraînement défensif. Une bonne partie de l'énergie des Bruzoriens passe à déjouer les trouvailles du Lab 200.

– Le commandeur magnéto-mental ?

– Oui. On l'a expérimenté avec succès sur trois vaisseaux de la Garde Pourpre et le Grand Statuor a décidé d'aller le présenter à la Conférence interplanétaire avec le professeur Lerner.

Le professeur Lerner est le chef du Lab 200. Il nous a inventé des graines qui poussent sans eau, très utiles sur Sempicor où le climat est sec ; des amplificateurs télépathiques pour communiquer à grande distance sans support radio (mais quand même pas à quatre années-lumière) et des bactéries dévoreuses de déchets. Les Sages ont décidé de ne pas exploiter cette trouvaille-là pour le moment : ils considèrent que la corvée du troisième anneau est utile pour calmer les têtes brûlées.

La dernière découverte du professeur et du Lab, le commandeur magnéto-mental, est un module qui capte la volonté à distance, quels que soient les obstacles : parois de vaisseaux, écrans, casques protecteurs. Cette invention rend les Bruzoriens complètement fous. Eux, la terreur des voyageurs de Simarion, être manipulés par des Sempicoriens pacifistes, quelle humiliation !

– Je vais demander une réunion avec les Stratèges et le Lab, dit Zémor, et je te tiens au courant.

– Je savais bien que c'étaient des traces de vampire ! dit Clothilde, rouge de contentement. Vous ne voulez jamais me croire.

Elle nous attendait, triomphante, au pied des escaliers.

Sa mère, qui est médecin et amie de Mme Legoff, a téléphoné hier soir pour avoir des nouvelles. Il paraît que Bertrand a perdu beaucoup de sang et qu'il est complètement ramolli, comme après une longue opération. Il a du mal à parler et comprend à peine ce qu'on lui dit.

– Il va peut-être rester idiot, suppose Quentin.

– Qu'est-ce qu'on a bien pu lui faire pour qu'il soit dans cet état ? s'interrogent les jumeaux.

– Moi, ça me fait peur, continue Clothilde. J'ai hâte que M. Marcus nous réponde.

Nicolas et Laure ont terminé la lettre hier soir à l'aide du carnet vert et de nombreux coups de téléphone aux autres membres de la bande. Elle a été postée ce matin.

– En attendant, il faut être prudents, dit Nicolas, au cas où le savant voudrait recommencer.

– Tu penses que Legoff ne lui suffira pas ? s'étonne Quentin.

– Comment veux-tu que je le sache, puisqu'on ne comprend pas à quoi il a servi ?

– Bruno doit le savoir, lui, déclare Ludovic.

– Si tu crois qu'il te le dira !

– Évidemment pas si on lui pose carrément la question. Mais on pourrait essayer de le faire parler, continue Ludovic. De n'importe quoi : ce qu'il aime, les sports qu'il pratique, où il habitait avant, comme si on voulait devenir copains (mimique écœurée des garçons). Bon d'accord ce ne sera pas agréable, mais on arrivera peut-être à lui arracher des renseignements importants sans qu'il s'en doute.

Le côté perfide du projet finit par séduire le reste de la bande. Ils s'organisent : Ludovic posera la première question puisque c'est lui qui en a eu l'idée. Les autres continueront.

Ils se dirigent en bavardant, la mine faussement indifférente, vers Bruno qui se tient comme à l'accoutumée en observateur dans un coin du préau.

Je les laisse passer devant mais je les suis pour entendre les réponses de Bruno. Je suis curieux de savoir ce qu'il va inventer…

– Salut, attaque Ludovic. Qu'est-ce que tu fais ce week-end ?

Bruno est surpris par leur intérêt. Je le sens sur ses gardes. Les questions, il aime mieux les poser.

– Pas grand-chose. Je pense aller me promener dans la forêt.

– Laquelle ? Saint-Germain ou Marly ?

– Marly, je crois. Celle qui est au bout de la route de Joyenval, derrière le village.

– T'as déjà été au Désert de Retz ? ne peut s'empêcher de demander Nicolas qui aime bien cet endroit.

– Non. Il paraît que c'est fermé.

– On peut passer quand même, en grimpant par-dessus le mur, là où il est un peu effondré.

– Ah ! Tu y vas souvent ?

– De temps en temps. Mon père adore ce coin. Il dit que c'est un vrai musée dans la nature. Quand on a des amis le dimanche, il veut toujours les y emmener.

– Et ils escaladent le mur ?

– Non, on profite des visites organisées par les gens qui ont commencé à restaurer le Désert.

– Ah ! reprend Bruno, des visites organisées : il y en a souvent ?

– En ce moment, moins. C'est surtout l'été.

– Tu veux qu'on t'y conduise ? propose John.

Bruno n'a pas l'air enchanté de l'offre de John.

– Je peux pas.

– T'as pas envie ? C'est rigolo, il y a plein de bâtiments incroyables.

– Mon père ne voudra pas.

– Il est sévère, ton père ? demande aussitôt Quentin.

Bruno se mord les lèvres. Il réalise qu'il aurait mieux fait de se taire.

– Un peu, répond-il, évasif.

– Le mien est plutôt sévère, continue Quentin. C'est peut-être parce qu'il n'est pas souvent là. Il est pilote de Boeing 747, alors il est tout le temps en voyage. Et le tien de père, il fait quoi ?

Silence. Le Bruzorien se creuse la tête.

– Cybernéticien, finit-il par avouer avec condescendance.

– Ça alors, s'exclame Ludovic. C'est super ! Il construit quoi comme robot ?

Nous sommes tous éberlués. Aucun membre de la bande ne sait ce qu'est un cybernéticien, et moi je me demande comment Ludovic est au courant.

– Ceux qu'on place dans les satellites, répond Bruno, surpris.

– Il sait faire ceux qu'on commande avec la voix ?

– Je pense… oui.

La sonnerie dispense Bruno d'approfondir sa réponse.

En remontant en classe, mes amis bombardent Ludovic de questions sur le métier de cybernéticien. Dans un livre que lui a offert son parrain pour son anniversaire, il a appris que c'étaient des électroniciens spécialistes de la conception de robots. Ils savent en fabriquer de toutes sortes, des minuscules et des énormes, pour construire des voitures, faire fonctionner les centrales nucléaires, prélever des poussières dans l'espace… Bref un vrai métier de savant.

En voulant se moquer de mes amis, Bruno n'a fait que renforcer leur méfiance.

Le week-end interrompt notre enquête. Ludo et Nicolas ont judo, les jumeaux et Laure tennis, Gilles va rendre visite à ses cousins, et le dimanche plusieurs grands-mères sont attendues pour la journée. On décide de se téléphoner s'il y a du nouveau.

À six heures du soir, il y en a. Au bout du fil, la voix de Laure est anxieuse.

– Bastien, il est arrivé quelque chose à Ludovic.

– Il a disparu ?

– Non, mais il est tout bizarre. Il ne bouge plus, il ne répond plus quand on lui parle.

Les Bruzoriens ont recommencé !

Mais pourquoi Ludovic ? Est-ce parce que, ce matin, il a parlé de ses connaissances en cybernétique ?

– Il est blessé au cou comme Legoff ?

– Non, il n'a pas de blessure. Il tient debout, il marche quand on le pousse, il reste assis quand on l'assoit. On dirait un automate.

– Ça fait longtemps qu'il est comme ça ?

– Des gens l'ont trouvé tout à l'heure chemin des Heuleux, immobile au milieu de la route. Ils ont failli l'écraser.

– Qu'est-ce qu'il faisait là ?

– On ne sait pas. Il avait quitté le judo vers quatre heures et demie.

– Il est peut-être tombé sur la tête pendant l'entraînement ?

– C'est ce qu'on a pensé, mais le professeur a dit que c'était impossible. Quand Ludo est parti, il était tout à fait normal. Bastien, j'ai peur. Je suis sûre que c'est le père de Bruno qui a transformé Ludovic. J'en ai parlé à maman. Je lui ai raconté la neige et les après-skis. Elle est chez les Lannoie en ce moment, parce que les parents des jumeaux commencent à s'inquiéter aussi. Je crois qu'ils vont aller au commissariat de Saint-Germain.

Que signifient ces attaques contre des garçons qui se sont montrés un peu plus savants que les autres ? Que les Bruzoriens ont besoin de Terriens géniaux ou qu'ils cherchent un extraterrestre caché parmi eux ? Un Sempicorien par exemple ?

Si je parviens à localiser cette base bruzorienne, je pourrai essayer de les mettre sur écoute pour comprendre ce qu'ils mijotent.

Pour espionner Bruno

Je dois approcher Bruno sans qu'il me remarque. Ce ne sera pas commode. Il commence à se méfier de notre bande : on est trop curieux, on s'intéresse trop à lui.

D'autant que ce matin, mes copains ne font plus d'efforts pour dissiper ses soupçons. Ils se tiennent à distance, chuchotant et lui lançant des regards vindicatifs ou triomphants, car les parents de Laure et des jumeaux ont réussi à convaincre les policiers de vérifier l'identité et les activités du père de Bruno.

Les autres élèves ont fini par remarquer leur manège, et Bruno, observé par une bonne quinzaine de paires d'yeux, se sent mal à l'aise. Il quitte son coin de préau pour se mêler à un groupe de CM2 qui s'amuse à faire dégringoler à coups de marrons une boîte d'Orangina en équilibre sur une fourche d'arbre. C'est peut-être le moment.

Je le contourne et m'avance discrètement en essayant de rester toujours caché derrière quelqu'un.

Je vise la poche arrière de son jean. Je choisis l'instant où le meilleur lanceur de CM2 s'apprête à bombarder la boîte vide. Bruno a les yeux fixés sur la cible. Sa poche est à portée de mes doigts, mais elle est étroite. Il va sentir qu'on y touche. Je fais très vite : de la main gauche, j'écarte légèrement le bord du tissu en laissant tomber l'émetteur que j'ai préparé, et de la droite, presque en même temps, je pousse mon voisin dans le dos de Bruno. Tous deux chancellent et tombent. Bruno se relève et se retourne, furieux. Il insulte le CM2 qui proteste qu'on l'a poussé. Bruno ne veut pas le croire.

Pendant qu'ils se disputent, je disparais.

J'espère qu'il ne trouvera pas l'émetteur tout de suite, pour que le capteur que Zémor m'a expédié avec mon matériel de liaison ait le temps d'inscrire ses déplacements.

L'émetteur est gros comme un cachet d'aspirine. Je l'ai bricolé avec du matériel pris dans l'atelier d'oncle Gaspard. Si Bruno le découvre, il se croira repéré par les habitants de Montaigü. Il ne sera pas content, mais ça ne l'inquiétera pas trop.

C'est en retournant vers mes amis que j'aperçois Gilles. Il vient d'arriver à l'école, il nous cherche. Il s'est arrêté pas très loin de Bruno, pensant nous trouver dans les parages. Bruno lui lance un regard soupçonneux. Gilles se détourne et se presse de nous rejoindre.

Il paraît que Ludovic va mieux. Il a recommencé à parler et à bouger, mais il ne se souvient pas de ce qui lui est arrivé. Quant à Bertrand Legoff, il délire complètement.

– Depuis qu'il est réveillé, il raconte des trucs impossibles, explique Clothilde. Que des gens masqués s'agitaient autour de lui, que ça sentait fort l'éther, qu'il y avait des tuyaux partout et des lumières clignotantes. Il avait froid. Puis il s'est endormi et il s'est réveillé à l'hôpital. Il a mal à la tête et au cou.

– Les docteurs pensent qu'il est fou ?

– Non, seulement qu'il est traumatisé. Ça signifie qu'il a eu tellement peur qu'il dit n'importe quoi.

– N'importe quoi, tu rigoles ! Le père de Bruno a dû le livrer à ses robots, oui.

Laure a attendu que nous soyons installés en classe, et que Mme Jacquet commence une leçon sur le complément de nom, pour se pencher vers moi.

– Dis donc Bastien, qu'est-ce que tu as mis dans la poche de Bruno tout à l'heure, avant de le faire tomber ?

– C'est pas moi, c'est le type d'à côté qui l'a poussé.

– Tu parles ! Je t'ai bien vu. Tu as bousculé le CM2 exprès pour que Bruno ne te remarque pas. Pourquoi as-tu glissé des choses dans sa poche sans nous avertir ?

Zut... elle est très observatrice. J'aurais dû me méfier d'elle aussi. Changeons de tactique.

– Je voulais être sûr que ça marche avant de vous en parler. J'ai mis un émetteur dans son jean.

– Un émetteur ? Tu sais fabriquer des trucs comme ça, toi ?

– Je vais te confier un secret. Je ne suis pas seulement bon en maths, je suis un surdoué. Je n'y suis pour rien, il paraît que je suis né comme ça. Mais je n'ai pas envie que ça se sache, sinon on va me regarder comme une bête curieuse.

– Je trouvais aussi que tu étais un peu spécial. On dirait que tu comprends des tas de choses auxquelles nous n'avons jamais pensé.

– Évidemment, je ne peux pas m'en empêcher. Mais je ne veux pas passer pour un super Legoff.

– Tu ne risques pas. Legoff, c'est pas parce qu'il est intelligent qu'on ne l'aime pas. C'est parce qu'il est prétentieux.

– Tu sais, quelquefois c'est difficile de voir la différence.

– Je te promets que je ne dirai rien. (Ses yeux brillent d'excitation.) Tu l'as fait avec quoi, cet émetteur ?

– Une petite plaque aimantée, une pile de montre, du papier d'aluminium et quelques fils.

– Tu as un appareil pour capter les signaux ?

– Une radio un peu bricolée.

– Tu veux le suivre à distance et connaître l'emplacement du laboratoire ?

– Je vais essayer.

– Tu crois qu'ils l'ont installé ailleurs que dans leur appartement ?

– Ils ne peuvent pas avoir placé une base de perturbation météo dans un quatre pièces à La Châtaigneraie, et tu penses bien qu'ils n'y ont pas conduit Legoff. C'est trop petit et surtout trop risqué. L'appartement est une couverture.

– Et la maison du chemin des Alluets, où on a retrouvé Legoff ?

– Ils s'en sont juste servis pour le déposer. Elle était vide, ils n'auraient pas eu le temps de transporter leur matériel.

À la récréation de dix heures, Quentin n'a pas pu se retenir de raconter à tout le monde les visions de Legoff.

Bruno a fait une drôle de mine quand il a entendu parler des hommes masqués et des lumières clignotantes. Les Bruzoriens ont dû croire leur prisonnier plus endormi qu'il ne l'était en réalité.

L'expression de Bruno quand il revient à une heure et demie me fait l'effet d'une douche glacée : fermée, méfiante. Une vraie tête de Bruzorien. Il a trouvé l'émetteur. Mon stratagème n'aura réussi qu'à le rendre plus soupçonneux, et sans doute plus dangereux. Ses regards balaient la classe. Je me fais humble, petit, transparent.

– Il l'a trouvé, murmure Laure à mon oreille.

– Surtout ne le regarde pas. Qu'il ne pense pas une seconde que tu sais des choses sur lui.

Elle se raidit, inquiète. Puis elle se met à répondre du tac au tac aux questions de Mme Jacquet sur un roi de France qui s'appelait Louis XI. Les autres élèves sont surpris. D'habitude Laure est plus discrète, même quand elle sait bien sa leçon.

Le procédé est astucieux. Bruno ne lui accorde aucun intérêt. Une fille qui se fait tant remarquer n'a rien à se reprocher.

À la récréation, j'organise vite une partie de chat-ballon, pour que personne ne paraisse comploter contre Bruno. Mais le Bruzorien s'est déjà forgé une opinion. Son attention se fixe de plus en plus sur Gilles. Gilles qui était près de lui ce matin quand on lui a glissé cet émetteur dans la poche. Gilles qui, dès que nous sommes rentrés en classe, se met à épier Bruno du coin de l'œil, et prend un air absent chaque fois que son regard croise celui du Bruzorien. Gilles est en danger.

À quatre heures et demie, je me rue hors de la classe pour le prévenir, mais je suis rattrapé au vol par Mme Jacquet.

– Bastien, viens me voir un moment.

Elle m'explique que mes résultats l'intriguent. Elle ne comprend pas ma succession de 20 et de 2. Est-ce que je suis aidé à la maison ? Comment et où je travaille ?

Je ne vais pas lui dire qu'avec les programmes qu'on m'a connectés, je ne peux pas faire de fautes et que, de temps en temps, pour avoir l'air d'un élève normal, je rate exprès mes contrôles. Je ne sais pas encore bien mélanger les deux méthodes pour avoir 13 ou 14, ce qui n'étonnerait personne.

Elle m'agace Mme Jacquet, ce n'est pas le moment de parler de ces détails. Mais elle se sent responsable de moi, elle veut comprendre. Alors je raconte n'importe quoi : que mon oncle Gaspard m'aide quelquefois, qu'à Lille j'ai déjà étudié une partie du programme. Bref, des trucs pour la rassurer.

J'ai perdu un quart d'heure. Quand j'arrive dans la cour, il ne reste que Laure et Nicolas.

– Et Gilles ? je demande, hors d'haleine.

– Je ne sais pas, répond Laure. Il a filé parmi les premiers.

– Tu as besoin de lui ? questionne Nicolas.

– Je voulais lui dire de faire attention. Bruno n'a pas cessé de l'observer.

– Pourquoi ?

– Il croit que Gilles l'a bousculé ce matin dans la cour.

– Bruno ne va pas se venger pour ça.

Je regarde Laure. Elle se taira, mais elle pense que je ferais bien d'informer Nicolas.

– C'est moi qui l'ai poussé, pour cacher un émetteur dans sa poche. Seulement Gilles est arrivé juste à ce moment-là et Bruno l'a vu.

– T'aurais dû nous prévenir. On se serait débrouillés pour que Bruno ne se doute de rien.

Je ne peux pas leur expliquer que moins ils sont mêlés à cette aventure, mieux ça vaut pour eux. Mais voilà que Gilles y est plongé malgré lui.

– Filons à sa recherche.

– Il est peut-être rentré chez lui, dit Laure, pas très convaincue.

Nous avons parcouru tout le chemin de l'école à la maison de Gilles en cinq minutes, et pourtant il habite loin, presque à la sortie du village. On ne l'a pas trouvé.

On est retournés place de la Mairie, à la librairie. Il n'y était pas non plus.

On est passés au gymnase mais c'était fermé, et au tennis mais il n'y avait pas cours et personne ne s'entraînait.

On est revenus place de la Mairie, on s'est assis sur les bords du bassin vide, le cœur lourd et les mollets douloureux.

– Ils ont réussi à le cacher, soupire Laure.

– Et leur appartement ? dit Nicolas. On n'a pas été y voir.

– Bastien pense que c'est une couverture pour avoir l'air d'une famille normale, mais qu'ils emmènent leurs captifs au laboratoire.

– Faut quand même essayer.

Nous avons visité trois halls d'entrée allée de la Sente Noire avant de trouver « GLEIZE 3e G », sur une boîte aux lettres.

On monte, on sonne. Rien ne bouge. Re-sonnette, toujours pas de réponse. Laure, énervée, se met à tambouriner sur la porte.

– Ouvrez, nom d'un chien !

Et la porte s'ouvre... toute seule. Elle était juste tirée. L'appartement est vide. Les occupants sont partis. Ils ont laissé les meubles, mais aucun objet personnel ne traîne, sauf, déposé en évidence sur la table de la salle à manger comme une signature à notre intention, le petit émetteur que j'avais fabriqué.

Il est six heures quand nous rentrons chez nous. Il commence à faire nuit et Gilles n'a toujours pas été retrouvé.

Où sont-ils passés ?

Maintenant je sais pourquoi les Bruzoriens l'ont enlevé, lui, Legoff et sans doute aussi Ludovic. C'est bien à cause du commandeur magnéto-mental. Zémor me l'a expliqué cette nuit quand je l'ai appelé pour lui annoncer la disparition de Gilles.

Lorsque les chercheurs du Lab ont terminé la mise au point du commandeur, ils étaient à la fois très fiers et très ennuyés, car si une arme aussi redoutable tombait entre les mains des Bruzoriens, ils pourraient la retourner contre nous. Les commandeurs étaient, bien sûr, équipés d'un système d'auto-destruction, mais il valait mieux prendre une deuxième précaution : rendre les habitants de Sempicor insensibles aux effets de la nouvelle arme. C'était plus prudent, et la prudence est une des principales vertus sempicoriennes.

Le Lab s'est remis au travail. Comme d'habitude, il a fini par trouver. Nous avons tous été immunisés. Lors de la visite médicale obligatoire, on nous a greffé derrière l'oreille droite, à la base des antennes, une petite capsule biologique indétectable aux rayons gamma, qui crée un écran de brouillage si elle est touchée par les ondes du commandeur.

Les Bruzoriens ont vite constaté les effets de notre découverte. Leurs dernières expéditions ont été de piteux échecs. Il leur fallait réagir avant que toutes les planètes de Simarion s'en équipent. Dérober notre invention risquait de leur prendre du temps : elle était bien gardée. Il ne leur restait qu'à trouver le moyen de s'en protéger, mission qu'ils ont confiée à leurs chercheurs et à leur service d'espionnage. Les espions ont été les plus rapides : ils ont fini par apprendre l'existence des capsules de brouillage. Ils n'avaient plus qu'à attraper un Sempicorien immunisé, et à le triturer jusqu'à ce qu'ils découvrent la capsule.

Mais les Sempicoriens ne se laissaient plus capturer. Les Bruzoriens bouillaient de colère jusqu'à ce qu'ils entendent parler de mon exil. Certes la Terre était loin, mais beaucoup moins bien défendue que Sempicor ou un vaisseau de la Garde Pourpre. Il suffisait d'y aller et de me localiser.

Comme il n'est pas question de les laisser parvenir à leurs fins, un commando de la Garde a enfin reçu l'ordre d'appareiller pour Montaigü. Je n'ai plus qu'à attendre, sans me faire remarquer. Quelques jours, m'a promis Zémor, le temps des préparatifs.

Tante Lucie, qui avait pris deux semaines de congés spéciaux pour m'accueillir dans ma nouvelle famille, doit retourner au bureau ce matin. Depuis quelque temps je la sens inquiète. Elle m'abreuve de consignes : rentrer directement à la maison après l'école, ne pas perdre mes clefs, goûter copieusement, me mettre à mes devoirs dès cinq heures et demie, lui téléphoner si j'ai le moindre problème.

Ce matin, elle s'est levée à sept heures pour me préparer mon petit déjeuner qu'elle m'apporte au lit à huit heures moins le quart. Oncle Gaspard se rase en chantant à tue-tête un air entraînant où il est question de toréador. Le verre de jus d'orange frais et les tartines grillées sentent bon. Tante Lucie aussi sent bon, la savonnette et la lavande.

– À ce soir, me dit-elle en m'embrassant. Bonne journée mon grand.

Son sourire est si doux et si anxieux que je suis envahi de la bizarre envie de la prendre par l'épaule et de la rassurer.

Un brouillard lourd et mouillé est tombé sur le village. Je renifle dans toutes les directions, aussi fort que Raspoutine que j'ai sorti pour ses besoins du matin. Par touches légères, discontinues, me parvient l'odeur du gaz sidérant. Je n'aime pas ça.

Laure arrive à l'école, pâle, la figure chiffonnée de fatigue. Elle n'a pas dû dormir beaucoup.

– On n'a pas retrouvé Gilles, dit-elle. Mon père a sillonné le village avec le père de Gilles et celui des jumeaux jusqu'à deux heures du matin. Les gendarmes ont barré la nationale 13 et fouillé les voitures, on a lancé un appel à la radio. Maman dit que les recherches vont continuer aujourd'hui.

Beaucoup d'élèves sont en retard ce matin. Olivier n'est pas venu à l'école, ni Pierre-Emmanuel, ni Bruno bien entendu. Par contre Ludovic, complètement rétabli, est de retour.

– Ils sont malades ? nous demande Mme Jacquet.

Hier ils allaient bien. Pierre-Emmanuel avait un rhume, mais cela lui arrive souvent.

– Ouvrez vos cahiers de mathématiques, nous allons commencer les fractions.

Elle se lève, prend un bâton de craie et dessine un cercle au tableau.

– Voici un gâteau entier. Maintenant nous allons le découper... vous êtes sûrs qu'ils n'étaient pas malades hier, vos camarades ?

Sûrs absolument, peut-être pas. Mais ils n'en avaient pas l'air.

Le gâteau reste entier. Mme Jacquet lâche sa craie.

– Attendez-moi un instant...

Son instant dure un grand quart d'heure, suffisant pour organiser une partie de sarbacane. On vide les tubes des stylos à bille et on s'en sert pour expédier de minuscules boulettes de papier dans le cou des plus douillets. Mais ce jeu a perdu une partie de son intérêt en l'absence de Bertrand Legoff, cible préférée des lanceurs.

Quand Mme Jacquet revient, elle qui déteste le chahut ne semble pas même remarquer le désordre de la classe, ni l'attroupement autour de Quentin qui a reçu une boulette si profondément dans l'oreille qu'on ne parvient plus à la retirer.

– Donc, je vous disais que ce gâteau nous allons le partager. En deux d'abord : un morceau pour Clothilde et un pour Bastien. Chacun aura quelle quantité de gâteau ?

– La moitié, hurle la totalité de la classe, heureuse d'avoir échappé à une punition.

– Et j'ai coupé le gâteau en combien de parts égales ?

– En deux, répond le chœur.

Mme Jacquet écrit 1/2 à côté du gâteau coupé.

Elle en est à huit morceaux quand Mme Durand entre sans même frapper, immédiatement suivie de M. Taquet.

– Il en manque quinze, c'est anormal, dit Mme Durand en se tordant les mains.

– Il faut appeler les familles, nous sommes responsables de la sécurité des enfants, affirme M. Taquet.

– Bastien, au tableau, ordonne Mme Jacquet, tu continues le partage jusqu'à douze et tu fais faire l'exercice numéro trois page vingt et un.

Oh doucement ! Ce n'est pas parce que j'ai des dons en mathématiques qu'il faut me refiler les corvées ici aussi ! Et j'ai autre chose en tête ce matin.

Les maîtres ont déjà disparu et je suis bombardé de boulettes. Tout le monde crie et gesticule, sauf Laure et Nicolas. J'ai autant de chances de leur faire faire l'exercice numéro trois page vingt et un, que d'apprendre le rap au Grand Statuor.

– Quinze, c'est invraisemblable ! murmure Laure.

Après vérification, six sont au fond de leur lit avec la gorge douloureuse, le nez qui coule et les yeux qui pleurent. Les neuf autres (que des garçons, bien sûr) sont introuvables.

Nous n'avons pas eu cours de mathématiques ce matin, ni d'autre chose d'ailleurs. Mme Jacquet n'est pas revenue dans la classe et je n'ai jamais réussi à couper le gâteau en plus de huit morceaux.

À midi, lorsque nous descendons pour nous rendre à la cantine, nous sommes éblouis par des éclairs aveuglants. La cour est encombrée de câbles électriques, de projecteurs et de journalistes de la radio et même de la télévision. La camionnette de France 3 Île-de-France stationne dans la rue du Jeu de Boules, le long de l'école.

Mme Durand, assaillie par une meute de gens brandissant des micros et des appareils photo, cligne des yeux comme une chouette surprise par la lumière. Très vite, M. Taquet se met à répondre à sa place aux questions des journalistes.

À la plus grande joie des jumeaux et de Quentin, nous sommes aussi le centre d'intérêt des cameramen de la télévision.

– Tout blanc et tout mou, explique Quentin. Et il est devenu fou, il raconte des histoires de Martiens et de tuyaux.

– Il était déjà un peu timbré avant, précise Ken.

– Oui, mais pas de la même façon.

– D'accord, et il avait encore son sang.

– Parce qu'il a perdu du sang ! s'exclame un journaliste.

– Presque tout, au moins deux litres.

– Mais non, sinon il serait mort pour de vrai.

– Il ne vaut pas beaucoup mieux.

– Vous en êtes sûrs ?

– C'est sa mère qui l'a dit à ma mère.

– De toute façon c'est bien fait pour lui, il n'avait qu'à pas aller avec Bruno.

– Qui est Bruno ?

– Le nouveau nouveau. Le fils du savant.

– Il est comment Bruno ?

– Moche, pas sympa, et il pue l'éther.

– Ah ! disent les journalistes, et où est ce Bruno ?

– Il a disparu hier soir.

– C'est un de ceux qui ont été enlevés ?

– Mais non, lui il fait partie des kidnappeurs.

– Un kidnappeur de neuf ans ?

– C'est pas lui qui a fait le coup, c'est son père.

– Le père d'un élève vole les enfants de Montaigü ?

– Pas n'importe quel père. Le savant fou.

Les journalistes ont dû éclater de rire, parce que mes copains, vexés, n'ont pas voulu leur donner plus de détails. Et ceux qui pourraient leur fournir des explications plus claires, Laure et Nicolas, n'en ont pas envie. Ils pensent à Gilles et ont le cœur serré.

Cependant, avec ces nouvelles disparitions, ils espèrent que les recherches vont s'intensifier et qu'on aura plus de chances de le retrouver rapidement. Comme pour confirmer ce sentiment, cinq, six, sept sirènes de police hurlantes nous percent les tympans. Des moteurs vrombissent, des voitures noires, des cars de police remplissent la rue du Jeu de Boules.

Une marée d'hommes en costume gris ou en uniforme bleu envahit la cour, repousse les journalistes, emmène Mme Durand dans son bureau, puis M. Taquet, et transforme l'école en une immense salle d'interrogatoire.

Nous sommes devenus le centre de la Terre.

Les policiers n'y comprennent rien

Nous bénéficions d'une équipe et d'une salle rien que pour nous. Nicolas a apporté son carnet vert. Les jumeaux et Quentin jubilent.

Laure semble un peu rassurée par ce déploiement d'énergie.

– Voilà, explique tout de suite Quentin, il faut chercher quelqu'un de très fort en électronique parce qu'il construit des robots et peut provoquer des tas de pannes différentes.

– Très fort en météo aussi, ajoute Ken, parce qu'il nous a fabriqué une sacrée chute de neige.

– De la neige ? s'étonnent les policiers, quel rapport avec les disparitions d'enfants ?

– Avec les disparitions, on ne sait pas. Mais avec les pannes on en est sûrs. D'ailleurs, même les maîtres s'en sont rendu compte.

– Regardez bien ses dents quand vous l'attraperez, conseille Clothilde.

– Ses dents ?

– Avec tout le sang qu'il a pompé à Legoff, ça pourrait bien être un vampire.

– C'est pas le savant qui est important, coupe Ken, c'est le laboratoire. Sans son laboratoire, il est impuissant. On a déjà fouillé le village, mais on n'a rien trouvé.

– Avec des hélicoptères, ce sera facile pour vous.

– Tu parles ! Le laboratoire est enterré. D'hélicoptère ils ne verront rien du tout.

– Il faudra aussi vous méfier de l'odeur de pâte d'amande.

– Pourquoi, c'est son arme secrète ? sourit ironiquement un des policiers.

– Exactement ! Un gaz qu'il fabrique pour endormir les gens. Le gaz comment déjà ? me demande Quentin. Hilarant ? Non. Séduisant ?

– Sidérant, dis-je, embêté d'avoir à participer.

– Qu'est-ce que c'est que cette invention ?

– C'est pas une invention ! Il y en avait plein le village le jour du brouillard. Ça avait même endormi un petit chat.

– Parce qu'il n'était pas très épais, sinon ça nous aurait endormis aussi. C'est un truc de militaires. Vous devriez connaître, vous.

Ces policiers-là n'ont jamais entendu parler du gaz sidérant. Laure se demande s'ils seront capables de retrouver Gilles.

Le jeune inspecteur, sans doute le chef de l'équipe qui nous interroge, essaie de reprendre les choses en main.

– En dehors du fait qu'il ait disparu en même temps que votre ami, qu'est-ce qui vous fait croire que Bruno est lié aux événements ?

– Il pue l'éther.

– Ce n'est pas une preuve de culpabilité.

– Non, mais c'est une odeur de laboratoire.

– Il y a aussi les après-skis, ajoute Clothilde.

– Oui, reconnaît John, des rouges en plus. Il aurait pu être plus discret.

Il faut de longues minutes pour expliquer à l'inspecteur pourquoi les après-skis sont également une preuve de culpabilité.

– Écoutez, finit par s'énerver Laure, tout ça n'a pas beaucoup d'importance. Les après-skis, il les a enlevés depuis longtemps. Ce qui compte c'est de retrouver Gilles le plus vite possible, avant que le savant ne lui lave le cerveau comme à Legoff.

– Ça oui, reprend Clothilde, vous êtes drôlement lents. M. Marcus aurait été plus efficace.

– Qui est M. Marcus ?

– Un ancien maître de CM1. C'est un contre-espion, il est bien plus fort qu'un policier, mais en ce moment il est aux Philippines, c'est pour ça qu'il ne répond pas à notre lettre. Sinon il y a longtemps qu'il aurait attrapé le savant, lui.

Si les policiers sont vexés par la remarque de Clothilde, ils ne le montrent pas. Mais ils notent le nom de M. Marcus, à tout hasard.

Puis ils décident de changer de méthode et de nous questionner un par un en commençant par Ludovic qui est resté silencieux.

– Alors, toi aussi on a essayé de t'enlever ?

– J'en sais rien. J'ai tout oublié.

– C'est encore un truc du savant, coupe Quentin. Il a dû lui vaporiser un de ses gaz spéciaux.

– Dis-moi ce qui s'est passé avant et après ton trou de mémoire, reprend patiemment l'inspecteur.

– Je revenais du judo, vers quatre heures et demie. J'ai quitté Nicolas dans la Grand-Rue, et j'ai pris la route de Joyenval pour passer par les écoles. Ça va plus vite pour rentrer chez moi. Après la résidence des Cèdres... plouf, plus rien. Et je me suis réveillé debout au milieu du chemin des Heuleux, à deux mètres d'une voiture.

– Chemin des Heuleux, demande l'inspecteur, c'est bien dans le haut du village ?

– Vous croyez que le savant se cache là-bas ?

– Je ne sais pas s'il y a un savant quelque part, mais plusieurs personnes prétendent avoir vu des enfants marcher seuls ce matin dans ce coin : un, chemin de la Tuilerie ; un, chemin de la Mare Close ; et un autre, au bout du chemin des Alluets.

– C'étaient ceux qui ne sont pas venus à l'école ?

– C'est possible. Les descriptions des témoins pourraient correspondre aux enfants disparus.

– On est bêtes ! s'écrie Ken, ce n'est pas dans une maison abandonnée qu'il fallait chercher, mais dans une maison normale.

– Les grosses, qui sont près de la forêt.

– Avec des grands jardins autour. C'est plus pratique pour se cacher.

– Vous devriez aller enquêter là-haut, conseille John à l'inspecteur. Vous, on vous ouvrira, et vous ne vous ferez pas mordre par les chiens.

Les policiers inscrivent sur un plan de Montaigü l'endroit où Ludovic s'est réveillé. Ils empruntent son carnet vert à Nicolas et nous disent de rentrer à la maison. Ils sont embêtés : comment vont-ils trouver un électronicien-météorologiste, avec des dents de vampire, qui sent tantôt la pâte d'amande, tantôt l'éther... ? Par contre ils ont compris qu'ils doivent se dépêcher, Laure le leur a répété deux fois.

On s'est installés dans la cour, sur nos escaliers, pour attendre quatre heures et demie.

– Ces policiers sont gentils, mais ils n'ont pas l'air très malins, soupire Clothilde.

– Ils ne portent même pas d'arme, ajoute Quentin.

– De toute façon, contre le savant, un revolver ne servirait pas à grand-chose. Rien que d'un coup d'œil il doit te paralyser.

– Les yeux ! s'écrie brusquement Ludovic. J'ai vu des yeux ! Enfoncés, sombres et qui devenaient peu à peu luisants.

– Il délire, s'inquiète Ken en lui posant la main sur le front.

– Mais non, imbécile, je me souviens. J'allais tourner vers la cantine quand un homme grand, un peu voûté, est arrivé en face de moi sur la route. Il marchait lentement et lourdement. Il portait un anorak avec un capuchon qui lui cachait la moitié de la figure. Ça m'a étonné parce qu'il ne pleuvait pas. Arrivé à ma hauteur, il a relevé la tête. Il avait un masque de plastique. On distinguait mal son visage, sauf ses yeux qui se sont mis à briller. Je me suis senti devenir lourd. Je ne pouvais plus bouger. Le type m'a ordonné d'avancer jusqu'à la forêt. Il ne m'a pas parlé mais j'ai compris dans ma tête. J'ai obéi. Je ne pouvais pas faire autrement. Sans m'en rendre compte, j'étais arrivé au golf, quand un groupe de gens est sorti de l'ancienne ferme. Parmi eux il y avait M. Champion, le conseiller municipal qui s'occupe du foot. Il a dit : « Eh bien, Ludovic, qu'est-ce que tu fais ici ? » J'ai essayé de lui répondre, mais je ne pouvais pas parler. L'homme à la capuche avait disparu. M. Champion m'a ramené jusque chez moi. Il m'a dit : « Rentre vite, maintenant. » Quand il est reparti, je suis resté planté au milieu de la route, et j'ai bien cru qu'une voiture allait m'écraser. Le conducteur a freiné à temps, il est descendu et m'a conduit chez les voisins qui ont appelé mes parents.

Ludovic a parlé d'une seule traite, sans reprendre haleine. On osait à peine respirer en l'écoutant, de peur qu'il ne perde le fil de ses souvenirs.

– Ça alors ! souffle finalement Quentin.

– Tu es sûr pour les yeux ? interroge Ken.

– Et pour le masque de plastique ?

– Tu crois pas que tu inventes ?

Ludovic est pâle, des cernes violets sous les yeux. Jamais nous ne l'avions vu dans cet état.

– Je jure que j'ai rien inventé. Ça vient de me revenir d'un seul coup, comme si on avait ouvert une porte dans ma tête. Si vous voulez je peux vous montrer le chemin que j'ai suivi.

– On va raconter ça à l'inspecteur, décide Nicolas.

J'imagine la panique dans le village. Les policiers organisant une battue dans la forêt, et les Bruzoriens, dérangés dans leur projet, décidant de s'éclipser. Zémor et les Gardes Pourpres entreprendraient toute cette expédition pour rien. Or je crois avoir compris que les Stratèges tiennent beaucoup à capturer l'équipe qui est venue jusqu'à Montaigü pour la passer au crible mémoire et en apprendre un peu plus sur les projets des Bruzoriens.

– Ça ne servirait à rien, dis-je en leur barrant la route.

– Bien sûr que si. Ils sont nombreux ces policiers. Ils peuvent faire venir du renfort et des armes très perfectionnées. Le savant finira par être coincé.

– Ils ne le coinceront pas pour la bonne raison que le savant n'a rien d'humain.

– Tu crois que c'est vraiment un vampire ? souffle Clothilde, les yeux grands comme des soucoupes.

– Ou un mort-vivant ? suggère Quentin.

– Non, pas un être fantastique. Je veux dire que ce n'est pas un Terrien.

– Un Martien ?

– Non, un Bruzorien.

– Qu'est-ce que c'est que ça ? Une espèce de dinosaure ?

– Les Bruzoriens sont des anciens Sempicoriens qui se sont installés il y a cinq mille ans sur la planète Bruzor.

– Et les Sempicoriens, c'est qui ?

– Les habitants de Sempicor, la septième planète du système de Simarion.

– C'est où, Simarion ?

– À environ quatre années-lumière d'ici, près d'Alpha du Centaure.

– Comment tu sais ça, toi ?

– Parce que j'en viens.

– De Bruzor ?

– Non, de Sempicor.

Le pire c'est qu'ils n'ont pas l'air très étonnés. Ils commencent à être habitués à l'invraisemblable. Par contre ils sont dévorés de curiosité.

– T'es venu comment ?

– Avec un vaisseau spécial de transfert, qui s'est rematérialisé derrière la Lune.

– Comment ça se fait que tu aies l'aspect d'un garçon d'ici ?

– On n'est pas très différents de vous sur Sempicor. Mais on m'a un peu transformé, dis-je en faisant sortir une de mes antennes. Et normalement, j'ai la peau bleue.

– Ça doit être moche, remarque Quentin.

– Pas du tout. C'est votre rose pâle qui est moche. On dirait de la viande qui a perdu son sang.

– C'est comment sur ta planète ?

– Très moderne, mais un peu ennuyeux.

– Pourquoi t'es venu ici ?

– Je suis en punition, en exil. Parce que je n'ai pas respecté les consignes.

– Y a des consignes, chez toi ?

– Plein, et depuis qu'on est tout petit.

– Ça alors, c'est pas marrant.

– Tu as des pouvoirs spéciaux ? demande Ken, intrigué.

– J'ai appris à développer certaines capacités. En particulier la communication télépathique.

– C'est quoi ?

– Ferme les yeux, tu vas te rendre compte.

Je me concentre et je pense très fort : « T'es pas chiche d'embrasser Laure. »

– Mince, rougit Ken, comment t'as deviné ?

– Deviné quoi ? crient les autres.

– Ça vous regarde pas, dit Ken, mécontent.
– Dis donc, s'émerveille Quentin, tu vas pouvoir nous souffler tous les contrôles de maths !
– Et tes parents, Bastien, demande Clothilde, tu t'ennuies pas d'eux ?
– J'ai pas de parents.

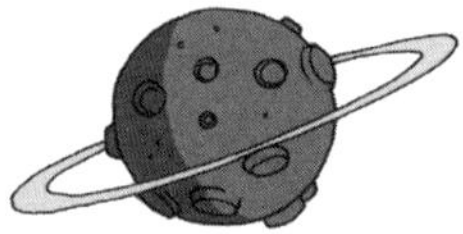

Là, il faut que je leur explique un peu comment nous vivons : les laboratoires de génétique, les fratries, le Conseil des Sages... Mme Jacquet n'a jamais obtenu autant de succès avec ses leçons d'histoire et de géographie.
– Bruno est aussi un Sempicorien ? demande Nicolas.
– Non, c'est un Bruzorien, comme le type à la capuche.
– Ils sont en exil sur Terre, eux aussi ?
– Non. Eux, ils sont venus pour me chercher. Mais comme ils ne savent pas qui je suis, ils essaient tous les garçons de neuf ans du village.
– Qu'est-ce qu'ils te veulent ?
Je repars dans les explications : la révolte des Nabis, leur fuite sur Bruzor, la transformation des Bruzoriens en pirates, le commandeur magnétomental et les capsules de brouillage.
– Mais alors c'est à cause de toi que Legoff est devenu fou ?

– Indirectement, oui.

– Et Gilles ? Et les autres ? Les Bruzoriens vont aussi les déglinguer pour trouver ta capsule ?

– J'espère qu'ils n'en auront pas le temps. J'ai demandé de l'aide à Sempicor. Zémor, mon instructeur, m'a annoncé qu'il partait avec un commando de la Garde Pourpre. J'ajoute avec fierté : ce sont des super combattants.

– Ils arriveront quand ?

– Dans trois ou quatre jours.

– Pas avant ?

– Je ne pense pas. C'est compliqué, un voyage transfert.

– On ne peut pas leur laisser Gilles si longtemps. Ils vont le rendre fou. Toi tout seul, avec tes pouvoirs, tu arriverais à le récupérer ?

– Tu sais, ils ont les mêmes pouvoirs que moi, en plus ils sont plusieurs et bien équipés. Et si je tombe entre leurs mains, ils découvriront la capsule.

– C'est pas une raison pour abandonner Gilles et les autres !

– Ils ont un point faible, ces pirates de l'espace ?

– Les Bruzoriens ? À part l'orgueil, je ne vois pas quel point faible ils auraient.

– Alors pourquoi ils se cachent sous une capuche ?

– Pour ne pas effrayer les habitants de Montaigü. Seul Bruno doit avoir une apparence humaine.

– Et le masque de plastique ?

– C'est leur casque de protection.

– Ils ont besoin d'une protection ?

– Pour absorber les rayons du soleil, qui risquent de les aveugler, et filtrer l'air de la Terre. Il est trop pollué pour des gens vivant en atmosphère artificielle.

– Et Bruno, il n'est pas gêné ?

– Il a dû subir un traitement spécial, comme moi.

– Si on leur enlève leur casque, ils peuvent mourir ? demande Clothilde.

– Mourir, je ne sais pas. Mais ils risquent de faire une grosse allergie.

– C'est quoi une allergie ?

– C'est quand on ne supporte pas un produit, qu'il rend malade. Ils auront du mal à respirer, ils suffoqueront, ils finiront par tomber dans le coma.

– Tu vois bien qu'ils ont un point faible ! s'écrie triomphalement Ken. Il suffit de leur enlever leur casque.

– Tu crois peut-être qu'ils vont te laisser faire ? lui lance Laure.

– Il faudrait trouver un truc qui les oblige à l'ôter eux-mêmes, suggère Clothilde. Qu'ils ne puissent plus le supporter, comme quand on a un pull qui gratte tellement qu'on a envie de l'arracher.

– S'ils étouffaient à l'intérieur, ils le retireraient ?

– En bouchant les filtres d'air ?

– Pour atteindre les filtres, il faudrait leur grimper sur le dos.

– Mais non, on peut lancer dessus un truc bien collant.

– Une espèce de pâte.

– Des petits suisses, comme à la cantine !

– Le Nutella aussi ça colle bien. Un jour, mon petit frère a voulu en donner au chat, il lui a renversé le pot sur le dos. On a dû nettoyer sa fourrure au jet d'eau.

– Il faudra beaucoup de Nutella.

– Et plein de petits suisses.

– C'est bien beau vos plans pour attaquer les Bruzoriens, coupe Laure. Mais on ne sait même pas où les trouver.

– Ben, au laboratoire.

– Ça fait une semaine qu'on le cherche, le laboratoire.

– L'inspecteur a dit qu'il était dans le haut du village, à côté de la forêt.

– Je sais ! s'écrie Nicolas, ils sont au Désert de Retz ! Ludo a été retrouvé à la ferme de Joyenval par M. Champion, c'est à côté. Les élèves qui ne sont pas venus à l'école ce matin marchaient sur des routes conduisant par là. Vous vous souvenez, quand on a parlé avec Bruno l'autre jour, il avait l'air embêté qu'on puisse visiter facilement le Désert.

– Ils sont cachés dans un des bâtiments !

– Bastien, tu crois qu'on a une chance de leur reprendre Gilles ? m'interroge gravement Nicolas.

Je reste longuement silencieux. S'attaquer à un commando bruzorien, c'est de la folie. Sur Sempicor, nous réservons cette tâche aux Gardes Pourpres. Mais nous ne sommes pas sur Sempicor. Les Bruzoriens sont mal adaptés à la vie sur Terre, et ils n'imaginent pas une seconde que les Terriens puissent les mettre en danger. Et puis si je dis que c'est trop risqué, mes copains vont me prendre pour une mauviette.

– Peut-être… avec beaucoup de ruse…

– Les petits suisses, c'est une bonne ruse.

– Elle ne marchera que s'ils ne se méfient pas de nous.

– On n'a pas l'air dangereux.

– S'ils t'aperçoivent en train de lever le bras pour leur lancer quelque chose à la tête, tu te retrouveras paralysé avant d'avoir compris ce qui t'arrive.

– On va les éblouir ! T'as dit qu'à force de vivre dans leurs stations orbitales, ils ne supportaient plus le soleil.

– Leur casque les protège.

– Des rayons normaux, qui viennent du ciel. Mais si on leur en envoie droit dans les yeux avec une glace ? Même en portant des lunettes de ski on est aveuglé.

– Possible… on peut essayer.

– Donc, récapitule Nicolas, on va au Désert, on se cache, on les éblouit avec des miroirs, quand ils n'y voient plus rien, on leur balance des petits suisses ou du Nutella sur leurs prises d'air, ils étouffent, arrachent leur casque et s'effondrent évanouis.

– Il faudra bien cinq minutes pour que l'allergie se déclenche. En cinq minutes, ils auront largement le temps de nous hypnotiser, de nous paralyser, de nous désintégrer.

– On ne peut pas réduire les cinq minutes ?

– En augmentant leur allergie ?

– En leur envoyant d'autres cochonneries dans le nez.

– Des trucs qu'ils ne supportent pas du tout.

– S'ils ne sont plus protégés par leur casque, l'effet devrait être foudroyant.

– Puisque la pollution les détraque, y a qu'à les asperger de poussière.

– Celle qu'il y a dans les sacs d'aspirateur ! Quand maman le vide, elle tousse longtemps.

– Si on appuie dessus un grand coup, ils dégagent un de ces nuages de saletés !

– Ils ne pourront vraiment plus respirer.

Au fond, pourquoi pas ? Moi aussi, elle me fait tousser et pleurer la poussière de l'aspirateur, alors des Bruzoriens non immunisés risquent d'être vraiment malades.

– Bon, on a pensé à tout ?

– Je crois...

– On y va quand ?

Silence. Nicolas me regarde.

– Demain, s'il y a du soleil ?

– OK. Demain.

Nicolas propose que nous racontions aux parents que la maîtresse nous emmène visiter le Désert de Retz. Même un mercredi, ça ne paraîtra pas invraisemblable de la part de Mme Jacquet.

Nous énumérons ce que chacun doit apporter, y compris un pique-nique et des lunettes noires pour nous protéger du regard hypnotisant des Bruzoriens. Nous nous donnons rendez-vous à dix heures devant la cantine.

Avant de nous quitter, je leur fais jurer, l'un après l'autre en crachant par terre, de ne rien révéler à personne. Je sens qu'ils auront du mal, mais pour une soirée ils devraient tenir parole. Quant à moi, je me demande dans quelle aventure terrestre je me suis embarqué. Zémor n'apprécierait sûrement pas.

Entre neuf heures moins vingt et neuf heures, mon téléphone a sonné six fois ce soir. Chacun tenait à me dire qu'il avait écouté la météo, et qu'il était prévu beaucoup de soleil pour demain. Les jumeaux ont ajouté qu'ils avaient transformé leurs lance-pierres en frondes lance-petits suisses. Ils les ont testées sur la boîte aux lettres des voisins, ça marche très bien.

Un combat hasardeux

Le lendemain, quand je passe à l'épicerie du village pour compléter mes munitions, il ne reste plus que deux paquets de petits suisses et un seul pot de Nutella. Mme Duport, l'épicière, me demande qui nous voulons nourrir avec ces provisions. Je réponds vaguement que c'est pour un goûter d'anniversaire et je me sauve.

Les autres m'attendent déjà. Ils ont déposé leurs achats sur le muret derrière la cantine. Ça fait une pile impressionnante de nourriture, à croire que c'est d'indigestion qu'on veut faire mourir les Bruzoriens ! Tout l'argent de poche de mes copains a dû y passer.

J'ai pris mon quartz de liaison et je me suis immunisé contre le gaz sidérant. Les jumeaux sont cachés derrière quatre paires de lunettes noires qui leur glissent sur le nez et deux larges couvercles de poubelles en guise de bouclier contre les rayons paralysants. Ils brandissent deux frondes dont ils ont remplacé le morceau de chambre à air qui sert de propulseur par des couvercles de boîtes de thé qu'ils ont percés de chaque côté pour y passer les élastiques. Ils ont aussi emporté, dans des serviettes de toilette, les miroirs qui décoraient l'entrée de leur maison, et un sac de papier brun bien gonflé.

– On a fait le ménage au sous-sol, pour avoir plus de poussière, m'explique Ken.

Laure a emprunté la glace ronde de maquillage de ses sœurs. Elle porte ses lunettes de ski, fermées sur le côté et attachées par un cordon.

Ludovic a mis deux paires de lunettes, et une casquette à visière rabattue sur les yeux. Il n'a pas envie d'être à nouveau hypnotisé.

Clothilde trimbale un gros sac à dos à armature métallique, trop grand et trop lourd pour elle, et des petites lunettes démodées de bébé. C'est tout ce qu'elle a trouvé. Elle est anxieuse, car elle est sûre que le regard des Bruzoriens passera à travers cette mince pellicule de plastique. L'aspirateur de sa mère n'avait pas de sac. La poussière tombe directement à l'intérieur de la machine, dans une cuve. Clothilde a dû la ramasser à la main. Ses ongles en sont tout noirs et ses cheveux gris cendré comme ceux d'une grand-mère. Elle a envie de pleurer.

Quentin, par contre, est très content de lui. Il disparaît derrière des verres immenses, qui lui descendent au milieu des joues.

– Les Ray-Ban de mon père, des vraies lunettes de pilote ! annonce-t-il fièrement.

J'ai la désagréable impression de partir me battre contre un char blindé avec des tartes à la crème. Pour me donner du courage et montrer à mes amis que les Sempicoriens sont des gens organisés, je vérifie le contenu des sacs et j'essaie d'empêcher les jumeaux d'utiliser toutes leurs munitions pour nous démontrer l'efficacité de leurs frondes.

Le Désert est à deux kilomètres du village. Au bout d'un kilomètre, les sacs commencent à peser. Clothilde marche plus lentement.

– S'ils restent cachés dans le laboratoire, dit John, notre plan ne servira à rien.

– Il y a toujours un membre chargé de la surveillance. Si on parvient à l'attirer à l'écart et à le neutraliser, je pense qu'avec son équipement d'alerte je pourrai faire sortir les autres.

– On fait comment pour l'attirer à l'écart ?

– Ils cherchent un garçon de neuf ans. Il suffira que l'un d'entre nous se balade sous son nez pour qu'il essaie de l'attraper, suggère John.

– Ludo, par exemple, puisqu'ils le soupçonnent déjà.

– Ça va pas ! Moi j'ai déjà été hypnotisé samedi. Et puis je ne cours pas assez vite. C'est Ken le plus rapide.

– On tirera à la courte paille, propose Clothilde qui trouve très confortable d'être une fille pour une fois.

Je sens que l'enthousiasme de la bande est en train de fléchir. Je leur dis :

– Si vous voulez, on peut s'arrêter. Les Gardes Pourpres arriveront peut-être demain. Ce ne sera pas trop tard pour récupérer les enfants.

– Demain… s'interroge Clothilde.

– Ah non ! s'insurge Nicolas. D'abord ce n'est pas sûr qu'ils fassent si vite. Ensuite on a des tas d'avantages sur les Bruzoriens : on est plus rapides, ils ne nous attendent pas et ils ne savent pas qu'on est dangereux. C'est de l'espace qu'ils craignent une attaque, pas de Montaigü. Et puis, ajoute-t-il, on ne peut pas laisser tomber Gilles. Il doit avoir terriblement peur.

Nous ne sommes pas très rassurés non plus, mais personne n'ose se dégonfler. Le groupe repart. Ludovic se charge du sac de Clothilde.

Nous arrivons enfin au golf, en bordure de la forêt. Le chemin de terre qui mène au Désert de Retz est humide et glissant. Un portail de fer nous barre la route. Il est fermé par un gros cadenas jaune.

– La clef ! s'exclame Nicolas.

– Zut ! continue Quentin, la brèche est réparée. On ne pourra jamais escalader le mur, il est trop haut.

Je pose la main sur le cadenas, plisse les yeux et me concentre. On entend un léger déclic. J'écarte les ferrures. Je pousse la porte.

– Tu fais ça souvent ? s'émerveille Ken.

– Non. Ça demande pas mal d'énergie.

Nous entrons dans le Désert. Le chemin s'élargit pour devenir une clairière entourée de très grands et très beaux arbres que l'automne tache de jaune et de rouge. Le Désert de Retz n'a rien d'un vrai désert. C'était un vaste domaine à l'orée de la forêt de Marly qu'un châtelain a transformé il y a deux cents ans en jardin de ses rêves.

Il y a creusé des étangs, planté des arbres et des fleurs venus de tous les pays du monde, et a fait construire plusieurs bâtiments étranges, qui devaient être à la mode à cette époque : une fausse tente tartare, une fausse pyramide, un faux temple grec et même les fausses ruines d'une fausse tour de la Renaissance. Quand je raconterai à mes compagnons de fratrie que les Terriens construisent des ruines pour se faire plaisir, ils n'en reviendront pas ! Aujourd'hui les bâtiments sont vraiment en ruine, mais les arbres ont grandi et sont superbes.

Le vent fait voler les feuilles. Le Désert a l'air paisible. Aucun vaisseau spatial n'est posé sur les pelouses, aucun extraterrestre n'y fait les cent pas.

– J'ai faim, dit Ludovic.

– On va s'arrêter pour pique-niquer, comme si on était des visiteurs normaux.

Malgré la marche, personne n'a beaucoup d'appétit en dehors de Ludovic. Les estomacs sont même assez serrés.

Maintenant que nous sommes tout près du but, je ne me sens pas plus tranquille que Clothilde. Et encore, elle n'a jamais vu de Bruzoriens. En plus, les autres comptent sur moi pour que notre plan réussisse. Seulement, si on a pensé aux munitions, on n'a pas de stratégie. Or, dans une attaque, le gagnant est souvent celui qui a la stratégie la plus astucieuse. Chez nous, on en charge les meilleurs généraux. J'ai intérêt à trouver une bonne idée. Il faudrait intriguer les Bruzoriens, assez pour qu'ils veuillent nous voir de plus près, pas trop pour les inquiéter.

– Pas la peine d'envoyer quelqu'un jouer les appâts, dis-je au soulagement des garçons. D'abord nous ne savons pas où ils sont installés, ensuite il n'est pas certain que l'appât soit suivi. Ils vont plutôt l'attirer vers leur repaire.

– Comme ça on saurait où il est.

– Oui mais on ne serait plus que sept, et on ne pourra jamais pénétrer dans leur base. On va plutôt essayer de les faire venir jusqu'à nous, en organisant un petit concert de bruits étranges, comme si nous étions venus ici pour célébrer un événement exceptionnel.

– Pour faire un sacrifice !

– À un dieu féroce !

– Le dieu Soleil, comme les Incas. Celui-là il aime les sacrifices humains.

– Bof, c'est un vieux dieu. Plus personne n'a peur du soleil aujourd'hui.

– De quoi on a peur, alors ?

– Des bombes atomiques !

– Des tremblements de terre !

– Ces choses-là n'arrivent jamais ici. Moi la seule chose qui me fiche la trouille, c'est les contrôles de maths, surtout ceux de Mme Jacquet. Et il paraît qu'au collège c'est pire.

– On va faire un sacrifice au dieu des Mathématiques ! Pour qu'il nous donne toujours des contrôles faciles.

– On va égorger Quentin !

– Oh, pourquoi moi ?

– D'abord parce que t'es nul en maths, ensuite parce que tu fais tellement de cinéma qu'on croira que c'est vrai.

– On va pas l'égorger, on va le brûler, sur un bûcher. On y mettra le feu avec les miroirs, comme dans Tintin.

Quentin préfère être brûlé qu'égorgé. C'est plus lent, il aura le temps de se sauver si le feu prend vraiment. Moi ça m'est égal, à condition que la cérémonie attire les Bruzoriens.

De l'avis de mes copains qui connaissent bien le Désert de Retz, les Bruzoriens ont pu se dissimuler soit dans la tente tartare sur l'Île du Bonheur au milieu de l'étang (c'est pratique pour voir venir les intrus), soit dans le trou sous la pyramide qui servait autrefois de réfrigérateur (on l'appelait une glacière car le froid était créé par de gros blocs de glace), soit dans la tour.

Nous avançons prudemment jusqu'aux ruines du temple grec, qui se trouve un peu en hauteur. De là, on peut surveiller les trois bâtiments et se cacher derrière les colonnes ou les murs écroulés. Nous bourrons nos poches de petits suisses. Ludovic les a tellement serrés qu'une enveloppe se craque, son pantalon devient mouillé et collant, et se met à sentir la fraise. Puis, le cœur battant, on s'installe pour la cérémonie. Quentin, au milieu, en équilibre instable sur un tas de bois, les mains derrière le dos comme si elles étaient attachées, les jumeaux à la batterie avec leurs couvercles de poubelles et des bâtons, les autres chantent et dansent autour en tapant sur le dos des miroirs.

C'est une vraie cacophonie, chacun interprétant l'air qui lui semble le plus approprié à la situation. Cela va de la Marseillaise au rap, en passant par le hululement des Comanches. J'espère que nous casserons suffisamment les oreilles des Bruzoriens pour qu'ils essaient d'en savoir plus.

Rien ne bouge. Nous redoublons d'énergie. Il faut que le boucan dure assez longtemps pour que les pirates se dérangent.

Ken a déjà brisé trois bâtons, lorsque son bras reste en l'air. Il fixe un point droit devant lui, la bouche entrouverte, les yeux agrandis.

Une silhouette sombre se glisse d'arbre en arbre, elle avance un peu courbée, et son casque reflète par moments la lumière.

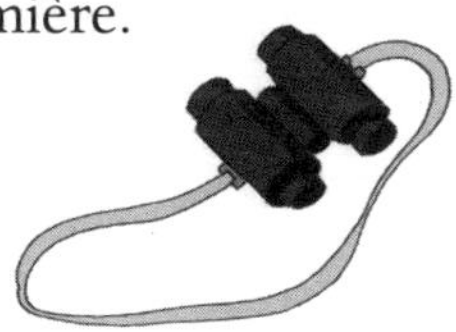

Je chuchote :

– En voilà un, je crois qu'il est sorti de la tour.

Le concert ralentit comme un walkman aux piles usagées.

Pour le moment, il est seul. Je ne distingue personne d'autre derrière lui. Il vient en reconnaissance en faisant peu d'efforts pour se cacher. Peut-être a-t-il envie qu'on l'aperçoive et qu'on se sauve. Mais nous, n'est-ce pas, on s'apprête à sacrifier Quentin au dieu des Mathématiques, alors on a sûrement bu des boissons enivrantes, et on ne voit ni n'entend rien.

Le Bruzorien se rapproche. Il est tout en noir : combinaison luisante et casque rond. Ce n'est jamais que son uniforme habituel, mais ici dans ce jardin terrestre, il paraît inquiétant.

Il fait le tour de la clairière, et s'arrête à une centaine de mètres de nous, derrière un gros hêtre. Là il ne bouge plus. Si on veut le neutraliser, il va falloir s'en rapprocher. En douceur, pour qu'il ne pense pas à s'éloigner.

Je récupère dans mon sac à dos un morceau de ficelle que j'attache autour du cou de Quentin, en lui glissant à l'oreille :

– Tu viens. On va faire comme si je t'emmenais sur les lieux du sacrifice.

J'avertis les autres à voix basse en décrivant de grands gestes magiques devant leur nez.

J'ouvre la marche, tirant la ficelle, solennel comme un grand prêtre. Quentin me suit, les yeux exorbités, balançant la tête en récitant la table de cinq comme une longue mélopée plaintive. Les jumeaux l'accompagnent, leur couvercle de poubelle dans une main, leur fronde de l'autre.

Laure, Nicolas, Clothilde et Ludovic leur emboîtent le pas en continuant le tam-tam. Notre drôle de farandole se rapproche du Bruzorien en zigzaguant.

Maintenant que mes copains le distinguent bien, on dirait qu'ils se ratatinent. Ils ne devaient pas l'imaginer si impressionnant avec sa haute taille et son uniforme sombre.

Les filles tournent autour de Quentin en levant les bras au ciel comme si elles invoquaient la puissance du dieu. Les garçons s'enfoncent dans les taillis où ils disparaissent progressivement. Laure, Clothilde et moi brandissons les miroirs du sacrifice. Comme on a laissé le bûcher à côté du temple, on fait semblant de mettre le feu aux vêtements de Quentin. On n'a pas l'habitude, les taches de soleil se baladent un peu partout, sur le sol, sur les feuilles, puis sur Quentin qui se met à hurler :

– Pitié !... Pitié !... Épargnez-moi..., d'un ton à attendrir Mme Jacquet elle-même.

Je lève le bras gauche, c'est le signal. Nous remontons nos trois faisceaux lumineux le long du tronc du hêtre en essayant de ne pas trop trembler et, d'un seul coup, on les concentre sur le casque du pirate immobile. Il est surpris et fait un pas en arrière.

– Go !

Les garçons jaillissent des fourrés comme des diables d'une boîte. Ken d'un côté, John de l'autre, Nicolas et Ludovic au milieu. Ils ont dû préparer un bon paquet de munitions à l'avance parce que les petits suisses partent à la vitesse de balles de mitraillette pour s'écraser sur le casque du Bruzorien, dans le cou derrière les oreilles, juste à l'endroit des prises d'air.

Ludovic, pour prouver que sa poigne vaut bien les frondes des jumeaux, balance avec une redoutable énergie de grands paquets de Nutella qui explosent en étoiles sur la tête du pirate. Le grand Bruzorien se retourne d'un bond, son paralyseur à la main. Il peut encore respirer, mais les cochonneries qui dégoulinent devant ses yeux lui brouillent la vue.

– Planquez-vous !

Il tire au hasard, en balayant l'espace autour de lui. J'entends un bruit de chute et de branches cassées. Je ne vois plus Quentin. On n'a pas réussi à boucher les filtres à air ! Nos produits ne collent pas assez, ou bien ce type est entraîné à vivre sans respirer…

À l'abri derrière leur bouclier de plastique, les jumeaux repartent à l'attaque à grands coups de petits suisses à la fraise, au citron, aux mûres, à l'ananas, lancés à la main car ils n'ont plus le temps de recharger leurs frondes. Le Bruzorien tire à nouveau. Mais les jumeaux ont disparu derrière leurs couvercles et les couvercles derrière les plus gros troncs. Le pirate tend la main vers son quartz d'alerte… On va avoir toute l'équipe sur le dos… Puis il la remonte avec des gestes saccadés, il essaie de dégrafer le casque de sa combinaison.

– Ça y est, il étouffe ! je m'écrie en attrapant rapidement mon sac d'aspirateur.

Le garde arrache son heaume et aspire à grandes goulées... la poussière de la maison de tante Lucie et de celle de Nicolas que nous lui propulsons de toutes nos forces dans les narines.

Il suffoque pour de bon. Il émet un râle rauque, se plie en avant comme s'il avait une violente crampe dans la poitrine. Il titube mais tire encore une fois. Je me jette par terre. Mes amis sont invisibles. Le Bruzorien râle de plus en plus fort. Il bat l'air de ses mains, tombe à genoux en agrippant le col de sa combinaison qu'il essaie d'ouvrir, s'effondre sur le sol en soubresauts convulsifs et s'immobilise enfin.

Il nous faut un moment pour réaliser que nous en sommes venus à bout. Mes copains tremblent des pieds à la tête, sauf Quentin qui est étendu dans l'herbe, les yeux fixes.

– Il est mort ?

– Non, seulement paralysé. Dans quelques heures il redeviendra normal.

– Eh ben dis donc, soupire Nicolas, si c'est aussi dur pour chaque pirate, on n'y arrivera jamais.

– On s'en va, murmure Clothilde qui a les larmes aux yeux.

– Et Quentin, qu'est-ce qu'on en fait ?

– Il est trop lourd, on viendra le rechercher plus tard... euh... avec une ambulance.

– Ils vont le triturer comme Gilles !

– On va se dépêcher.

– Vous êtes des sacrés trouillards ! s'insurge Laure.

– T'as vu ce type ! C'est Terminator III ! Et d'après Bastien, il y en a encore six comme ça. Moi je m'en vais.

Ken a juste le temps de faire trois pas quand Clothilde souffle, affolée :

– Les voilà !

Ils sont quatre, quatre grands Bruzoriens méfiants, qui apparaissent derrière la tour et se déploient en éventail, les armes à la main, à travers la clairière. Je crois qu'on est fichus. Qu'est-ce qui m'a pris d'écouter mes amis terriens et d'oublier à ce point les leçons de prudence de Sempicor ?

– On dirait qu'ils attendent.

– Ils ont peur ?

– Mais non, ils observent le terrain.

– S'ils ne nous voient pas, ils vont peut-être repartir ?

– Regardez cette fumée !

De la tour sort une colonne blanche qui se diffuse rapidement dans la clairière.

– Le gaz à la pâte d'amande !

– Respirez à travers vos mouchoirs et fonçons.

Mais les mouchoirs ne servent pas à grand-chose. Clothilde dégringole la première. Puis les jumeaux et Nicolas. Ludovic qui est plus costaud résiste un peu plus longtemps, mais lui aussi finit par s'affaler dans les fougères.

Je me crois seul quand une petite personne en sweat-shirt blanc et grosse tête ronde et noire se relève. Laure ! Elle a nettoyé le casque de notre victime et se l'est approprié. Il sera plus efficace que son mouchoir.

Le gaz se répand très vite, comme un épais brouillard. Les Bruzoriens ne nous distingueront plus dans cette purée. Je prends Laure par la main et j'essaie de retrouver la direction du village. Nous avançons courbés vers le sol, en tentant de nous repérer à l'aide de vagues formes de bâtiments que nous devinons dans la brume. Laure a de plus en plus de mal à marcher. Le gaz doit s'infiltrer par le dessous du casque. Nous avons parcouru une bonne centaine de mètres. Je nous crois proches du portail, quand je bute sur les pieds de Ludovic. Nous avons tourné en rond !

Je fais demi-tour et tire Laure vers ce que j'espère être la sortie. Deux Bruzoriens, leurs armes pointées sur nous, nous barrent la route. Cette fois c'est fini. Je m'attends à ressentir l'onde de froid caractéristique du paralyseur, mais rien ne se produit. Les deux pirates restent immobiles, raides comme des statues. Laure, à bout de résistance, s'effondre doucement, le casque dans les ronces. Cinq silhouettes rouge sombre émergent du brouillard tandis qu'une voix familière me demande en sempicorien :

– Ça va Galanor ? Rien de cassé ?

Zémor ! Je crois que je l'aurais embrassé si je n'avais pas craint que ce comportement terrien ne choque sa réserve sempicorienne.

Ils ont atterri dans la forêt, du côté d'Herbelay, et ils sont venus à pied, silencieux et bien armés. Les Bruzoriens, déconcertés par l'attaque de notre petite bande, ont négligé les signaux qui leur auraient permis de s'apercevoir de l'arrivée du vaisseau de Sempicor.

– Attention ! dis-je à Zémor. Il en reste au moins trois.

Mais les Sempicoriens, prudents, se sont munis d'un des commandeurs expérimentaux. Les Bruzoriens sont réduits à l'obéissance sans difficulté. Dans la tour, ils avaient installé une base de vie et un laboratoire très sophistiqué, où nous trouvons Gilles et les autres absents d'hier, couchés sous de grandes cloches transparentes, des tuyaux et des fils branchés partout. Les Gardes Pourpres les transportent sur notre vaisseau. Les médecins de bord vont les soigner puis ils seront ramenés au village, discrètement, pendant la nuit.

Bruno n'est plus là. Il est reparti avec une des navettes bruzoriennes. Il était à bout de forces, et comme on commençait à se méfier de lui dans le village, il était inutile qu'il reste plus longtemps sur Terre. Les prisonniers, traités au commandeur mental, expliquent que les objets dérobés au début servaient à l'information de Bruno. Les pannes suivantes n'étaient pas volontaires, ils étaient pressés et n'ont pas pris de précaution en s'installant au Désert de Retz. Seule la tempête était programmée. Ils voulaient voir comment isoler le village au cas où il aurait fallu me chercher ailleurs qu'à l'école.

Le Bruzorien asphyxié sera soigné sur Sempicor avant d'être passé au crible mémoire, avec ses compagnons valides. Les Gardes pensent que le matériel installé dans la tour peut nous être utile. Ils le démontent soigneusement, examinant chaque pièce, chaque enregistrement, embarquant tout ce qui est intéressant.

Pendant que les Sempicoriens s'activent, mes copains dorment toujours allongés dans les feuilles mortes. Je les regarde et je suis triste. Zémor m'a expliqué que les Sages de ma planète jugeaient imprudent de faire connaître notre existence aux habitants de la Terre. Les premiers contacts officiels sont prévus dans trois cents ans. Il paraît qu'il faut au moins ça pour que les Terriens se civilisent. Mais moi je ne serai plus là. Nicolas, Laure et les autres non plus. Mes copains vont devoir oublier notre aventure commune, ils ne sauront pas combien ils ont été héroïques, et moi je vais redevenir pour eux un copain ordinaire, juste un peu doué en mathématiques.

Zémor revient avec un effaceur de mémoire. Il le règle de mardi à seize heures – juste avant mes révélations – à aujourd'hui dix-sept heures. Il dirige l'antenne sur mes amis. Je tourne la tête, je crois que j'ai les larmes aux yeux.

Sempicor ou Montaigü

Les Gardes ont nettoyé le Désert de Retz. Il ne reste aucune trace d'une expédition venue de l'espace sauf quelques aménagements à l'intérieur de la tour, preuve qu'il y avait là un étrange laboratoire.

Il commence à faire sérieusement froid quand Ludovic ouvre les yeux.

– Qu'est-ce que je fais ici ? Ah non alors, il m'a refait le coup du trou de mémoire !

Puis il découvre les autres étendus autour de lui. Il nous appelle les uns après les autres. Je me suis étalé sur le ventre, les bras en croix, entre Ken et John. Ludovic doit me secouer quatre fois avant que je consente à grogner, comme quelqu'un qui se réveille d'un profond sommeil.

– Qu'est-ce que c'est que ce bazar ? dit Nicolas en désignant nos provisions éparpillées autour de nous. Et pourquoi je suis si collant ?

– J'ai mal à la tête et j'ai envie de vomir, se plaint Clothilde.

– Eh ben, on est propres ! s'exclame Ludovic. On dirait qu'on est tombés dans les poubelles.

– Ça alors, les glaces de la maison ! s'étonne Ken. Qui les a apportées ici ?

Laure se frotte les yeux, cligne des paupières, secoue la tête, nous contemple avec étonnement, regarde autour d'elle, puis s'écrie :

– La tour, il y a quelque chose dans la tour !

Les restes de la base bruzorienne montrent qu'elle a deviné juste. Nous examinons les lieux attentivement. Les garçons ramassent quelques bricoles tombées par terre.

– Il y avait un laboratoire ici, conclut John. C'est plein de morceaux de verre et de plastique, et ça sent encore l'éther.

– Le savant a tout emporté.

– Ou a tout démoli.

– Qu'est-ce qu'on a fichu après l'école, on l'a suivi ici ?

– Tu crois qu'il aurait eu le temps de démonter son installation en une heure ? Il est un peu plus de cinq heures.

– Eh, les gars, il est peut-être cinq heures, mais on n'est pas mardi, on est mercredi ! s'exclame Quentin en examinant sa montre.

– Mercredi ? On dort dans l'herbe depuis une journée entière ?

– On a dû attraper un de ces rhumes !

– Mais non, coupe Laure, on ne dort pas depuis si longtemps. On est venus ici aujourd'hui, j'en suis sûre. C'est nous qui avons apporté les sacs d'aspirateur, les petits suisses et les miroirs. Pour quoi faire ? Ça je ne sais pas. Mais on a trouvé quelque chose. Je crois même qu'on a essayé de l'attaquer.

– Le savant ?

– Sûrement. Ça ne peut être que lui.

– Alors il nous a endormis, il a démoli son laboratoire et il a filé, continue Ken.

– Voilà... répond Laure songeuse, ça doit être ça.

– Et il nous a brouillé la mémoire pour qu'on ne puisse rien raconter à la police.

– On va le raconter quand même, s'exclame Nicolas. Avec ce qui reste ici, ils auront assez de preuves pour l'arrêter.

– Et Gilles, s'écrie soudain Clothilde, on ne l'a pas retrouvé ! Ni les autres élèves.

– Le savant les a emmenés.

– Ça ne doit pas être pratique de cacher huit garçons. Où les a-t-il mis ?

– Dans un camping-car, ou dans un camion !

– On va vite prévenir l'inspecteur, il fera placer des barrages routiers pour les intercepter.

Nous repartons vers le village par les plus petits chemins pour cacher notre crasse aux regards ironiques de nos connaissances. En chemin nous échafaudons les hypothèses les plus folles pour expliquer notre réveil dans la forêt. Seule Laure reste silencieuse.

Les enfants enlevés ont été déposés pendant la nuit dans la classe de CP de Mme Rigaut. Ils sont endormis, affalés sur les tables, la tête dans les bras. Le gardien les a découverts à huit heures. Il est entré dans la salle pour les gronder et les mettre dehors : ce n'était pas encore l'heure de l'école. Mais il a eu beau les secouer, pas moyen de les réveiller. Il y en a même un qui a glissé de son siège et qui est tombé par terre.

Le gardien a eu peur et a appelé la directrice, qui n'était pas non plus très rassurée. Heureusement, M. Taquet est arrivé de bonne heure. Il a prévenu les gens qu'il fallait, et même ceux dont on n'avait pas vraiment besoin.

La rue du Jeu de Boules a connu toute la matinée un ballet continu d'ambulances, de cars de police, de camions de télévision, de voitures de journalistes et de curieux. Des infirmiers ont sorti les enfants de la classe avec précaution, allongés sur des brancards. Ils les ont accompagnés vers les voitures du SAMU.

– Gilles a encore perdu ses lunettes, constate Laure, cette fois je ne pense pas que sa mère lui en voudra.

Le jeune inspecteur est revenu nous interroger. Il a envoyé des hommes examiner mètre par mètre le Désert de Retz, et il a beaucoup de questions à nous poser.

– Qu'est-ce qui vous a fait penser que le savant était réfugié au Désert ?

– On n'est pas sûrs... C'est à cause de Bruno : il était embêté qu'on puisse le visiter.

– Et cet arsenal de provisions, de sacs d'aspirateur et de miroirs, à quoi a-t-il servi ?

– On a dû les utiliser parce qu'en nous réveillant on était dégoûtants. Mais on ne s'en souvient plus. Le savant nous a effacé la mémoire.

– Le laboratoire était très équipé ?

– On n'en sait rien. Quand on l'a visité, il était vide.

– Ça devait être compliqué à déménager, remarque Ludovic. Il y avait sûrement beaucoup de matériel à l'intérieur.

– Il n'était pas seul, coupe Laure.

– Bruno l'a aidé. Évidemment.

– Pas seulement Bruno, les autres aussi.

– Quels autres ?

– Les grands types en noir avec des casques.

– Quoi ?

– Où tu as vu ces types, toi ?

– Je ne sais plus, mais je suis certaine qu'il y avait beaucoup de monde dans la forêt, continue-t-elle.

Puis elle se tourne vers moi, me regarde bizarrement et se tait.

– Raconte.

– Je ne me souviens plus. J'ai dû rêver pendant que je dormais, dit-elle en baissant le nez.

Le casque ! Quand Zémor a mis en route l'effaceur de mémoire, Laure avait encore le casque du Bruzorien sur la tête. Comme il était à moitié caché dans les ronces, Zémor n'y a pas prêté attention. Il a fait écran et protégé un peu les souvenirs de Laure. Jusqu'à quel point ?

Malgré ses efforts, l'inspecteur n'arrive à rien tirer de plus de mon amie.

Les interrogatoires, les enquêtes dans le village, les barrages sur les routes ont bien duré trois jours. À mesure que le temps passait, les policiers paraissaient de plus en plus déroutés.

Plus personne n'est revenu dans l'appartement de la Sente Noire. L'examen de la tour du Désert de Retz soulève plus de questions qu'il n'en résout, et le savant est introuvable.

Les disparus reprennent des couleurs et du mouvement. Comme Legoff, ils tiennent des propos délirants : visions de monstres casqués, odeurs de salle d'opération, lumières aveuglantes et tuyaux multicolores. Les médecins ne comprennent pas plus que les policiers. Finalement, ils retournent chez eux et à l'école.

M. Marcus est rentré des Philippines et a enfin lu notre lettre. Mais à la grande déception de mes amis, lui non plus n'a pas réussi à retrouver le cybernéticien et son fils.

Gilles a une nouvelle paire de lunettes. À la récré, on rejoue à chat-ballon et à l'épervier, et on rouspète contre les enquêtes de Mme Jacquet qui nous obligent à passer le mercredi après-midi en bibliothèque au lieu d'aller au foot.

On parle souvent entre nous de notre étrange trou de mémoire. John a bâti six théories différentes pour expliquer les événements. À chaque fois qu'il essaie de les tester sur nous, Laure me lance le même regard qu'à notre retour de la forêt. Comme si elle pensait que les élucubrations de John ne valaient rien, que je m'en doutais moi aussi, qu'il y avait peut-être une autre explication, mais tellement invraisemblable…

Avec toute cette aventure, j'ai dû trop me fatiguer et malgré mes vaccins sempicoriens, j'ai attrapé une bonne grippe terrestre. Tante Lucie m'a fourré au lit, ravie d'avoir une excuse pour rester à la maison s'occuper de moi.

À cinq heures moins le quart, le téléphone a sonné. C'était Nicolas. Il pouvait me passer les devoirs – si je voulais – et aussi la dernière BD de Thorgal que son frère venait d'acheter. Ensuite ça a été Ludovic qui me demandait si je serais rétabli dimanche prochain pour le match de foot contre Poissy. Puis les jumeaux pour me proposer une série de jeux vidéo. Laure et Gilles sont passés à six heures avec des carambars, des fraises Tagada et un CD de Manu Chao. Ils ont hâte que je revienne à l'école pour remettre Legoff à sa place parce qu'il fait le paon quand je ne suis pas là, et qu'il faut donner une leçon aux CM2 de M. Lemeur qui leur ont piqué leur territoire de jeu préféré dans la cour. Clothilde n'a pas osé venir, ni téléphoner, mais elle m'envoie un livre par l'intermédiaire de Laure.

Mercredi ils sont tous arrivés en même temps, sous prétexte de m'expliquer les dernières consignes de l'entraîneur pour le match de dimanche. On a goûté sur le tapis, joué au baby-foot et essayé les nouveaux rollers de Ken. Le soir, j'avais 39° de fièvre mais je me sentais délicieusement bien.

Dimanche matin j'étais guéri. Nous avons battu Poissy, de peu : 3 à 2. Grâce à un tir irrésistible de Ludovic sur un de mes lobs les plus réussis au nez de deux défenseurs pissiaçais, dans l'avant-dernière minute de jeu. Tout l'équipe nous a portés en triomphe.

À midi, oncle Gaspard m'attendait à la maison, les yeux brillants, avec un superbe VTT noir et vert, douze vitesses. Je crois qu'il était aussi content de me l'offrir que moi de le recevoir. Nous avons fait un grand tour en forêt ensemble l'après-midi. Il s'est donné un mal fou pour aller plus vite que moi. En rentrant, il avait les joues plus rouges encore que d'habitude.

Ce soir-là je me suis couché fourbu et heureux.

Sempicor m'a paru très loin. Eux, par contre, ne m'avaient pas oublié. Zémor m'a réveillé, vers trois heures du matin, pour me féliciter.

L'analyse des appareils de la base bruzorienne a révélé des contacts fréquents avec un groupe de vaisseaux pirates dissimulés derrière une des lunes d'Altor, la plus grosse planète du système de Simarion. Leur surveillance a permis d'intercepter un navire marchand d'apparence inoffensive, qui venait livrer les fruits frais d'Ellora à la Conférence interplanétaire. Le vaisseau contenait un commando bruzorien chargé de s'emparer du commandeur magnéto-mental dont le professeur Lerner faisait la démonstration aux dirigeants des autres planètes.

Notre nouvelle arme a eu beaucoup de succès. Le Lab 200 croule sous les commandes et les chefs bruzoriens ont été convoqués devant le Conseil des Planètes. Il paraît qu'ils se sont engagés à arrêter la piraterie. Je n'y crois pas beaucoup. Le Grand Statuor non plus. Il a demandé au Lab 200 de mettre au point un capteur d'agressivité.

– Tout ça grâce à toi, continue Zémor. Tu comprends qu'après de tels services ta punition paraissait absurde. Alors voilà : ton exil est fini. Tu peux revenir sur Sempicor, tu seras même chef de brigade et décoré de l'Étoile de la Vigilance.

Bigre ! C'est beaucoup d'honneur pour un pauvre récalcitrant. Surtout que ce succès on le doit autant, sinon plus, à mes amis qu'à moi. Et puis… le climat de Sempicor est bien chaud et bien sec, ses habitants bien raisonnables et bien ennuyeux.

On ne passe pas deux heures à monter des stratégies mirobolantes pour battre l'équipe de Poissy au foot. Sur Sempicor, les stratégies sont établies par les Stratèges. Mes compagnons de fratrie ne viennent surtout pas me voir quand j'ai attrapé un microbe, par peur de la contagion. Ils ne piquent jamais de colère, alors je ne me sens pas le droit d'en piquer non plus, bien que certains jours cela me démange. Quand je suis malheureux, ils m'expliquent longuement que j'ai tort, au lieu de me gaver de malabars roses. Et ils ne se battraient sûrement pas contre les mercenaires de Bruzor avec du Nutella et des sacs d'aspirateur pour récupérer des copains prisonniers.

Et si je m'en vais, que deviendront oncle Gaspard et tante Lucie, seuls avec Raspoutine, comme avant ? Personne pour qui réussir des soufflés au chocolat, personne à battre aux échecs, personne pour qui s'inquiéter. Je crois qu'oncle Gaspard et tante Lucie ne supporteraient pas ma disparition, et moi je ne supporterais pas la peine que je leur ferais.

Bien sûr, là-haut, on n'est jamais malade, on vit plus vieux, on se balade dans l'espace, tout le monde est courtois avec tout le monde, et Zémor est un excellent instructeur. À vrai dire c'est surtout Zémor qui me manquera.

Car je ne retournerai pas sur Sempicor. Tant pis pour l'Étoile de la Vigilance, pour la brigade, pour la Garde Pourpre. Je vais devenir un vrai Terrien, ou presque.

Zémor, la moustache désolée, m'a expliqué que je perdrai peu à peu mes caractéristiques sempicoriennes : mes antennes vont disparaître, mon système sanguin va se modifier, mes programmes de connaissances vont se brouiller et je finirai par oublier que je suis venu d'une autre planète.

Il me faudra rendre mon matériel de transmission, mon quartz, mes pilules d'éveil, mes capsules immunisantes…

J'ai tout rendu. C'est reparti un soir dans le halo lumineux du vaisseau, au fond du Désert de Retz. Ils ont tout emporté, du moins ils l'ont cru.

Ils sont bien naïfs les Sempicoriens. Parce que j'ai été héroïque, ils pensent que je suis devenu obéissant.

Avant qu'ils ne soient brouillés par leurs effaceurs de mémoire, j'ai passé plusieurs nuits à enregistrer mes programmes de formation scientifique sur un vieux support de langue française qui ne me sert plus, et à dessiner les plans des matériels de première utilité. Ce n'est pas parce que je vais rester parmi les Terriens, retardés mais drôlement sympathiques, que je vais accepter de perdre tous les avantages de Sempicor. Je ne suis pas si stupide.

Et d'ailleurs elles leur seront utiles, aux Terriens, mes connaissances, pour éviter de tout abîmer sur leur planète et de la rendre invivable. Je vais devenir un savant pour les empêcher de faire des bêtises.

Retrouvez « Laure et compagnie » dans les autres romans de la série :

Superman contre CE2
Opération caleçon au CE2
Les CM1 en classe mystère
Les CM2 à la une
Panique en 6e A

Table des matières

L'auteur

D'aussi loin qu'elle s'en souvienne, Catherine Missonnier a toujours inventé des histoires.

Pour elle d'abord : petite, elle vivait un pied dans la réalité, l'autre dans un espace parallèle. Puis pour ses amies de pension, au lycée de Tananarive où les longues récréations débridaient l'imagination. Enfin, avec un plaisir renouvelé, pour ses quatre enfants.

En 1988, elle s'est accordé une parenthèse dans sa vie familiale et professionnelle surchargée, pour coucher quelques aventures dans un cahier à spirale. Cela lui a procuré tant de plaisir qu'elle a délaissé l'urbanisme pour des histoires d'espionnage, de kidnapping, de sorciers et de voyage !

L'illustratrice

Jessica Secheret est née en 1978. Dès son plus jeune âge, elle a les mains encombrées de crayons, de stylos, de feutres, tous les matériaux lui permettant de griffonner. À quinze ans, elle décide de travailler dans l'univers du dessin.

Après son bac, elle vit en Amérique du Nord plusieurs années puis, de retour à Paris, suit des études d'architecture intérieure.

Aujourd'hui, elle travaille pour la presse, la publicité et l'édition où elle développe son propre univers et celui d'auteurs.

Retrouvez la collection Rageot romans

RAGEOT Romans

sur le site www.rageot.fr

PAPIER À BASE DE FIBRES CERTIFIÉES

RAGEOT s'engage pour l'environnement en réduisant l'empreinte carbone de ses livres. Celle de cet exemplaire est de :
500 g éq. CO_2
Rendez-vous sur www.rageot-durable.fr

Achevé d'imprimer en France en mai 2017
sur les presses de l'imprimerie Jouve, Mayenne
Dépôt légal : août 2017
N° d'édition : 5559 - 01
N° d'impression : 2559897T